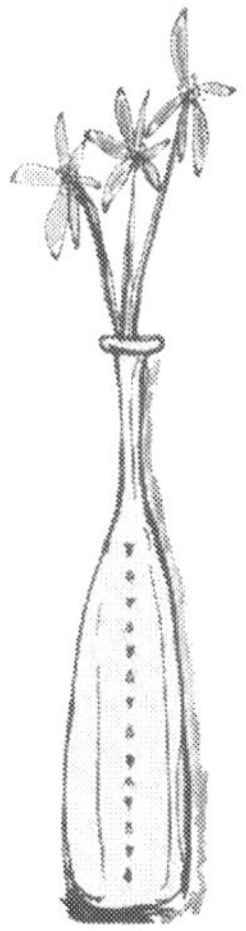

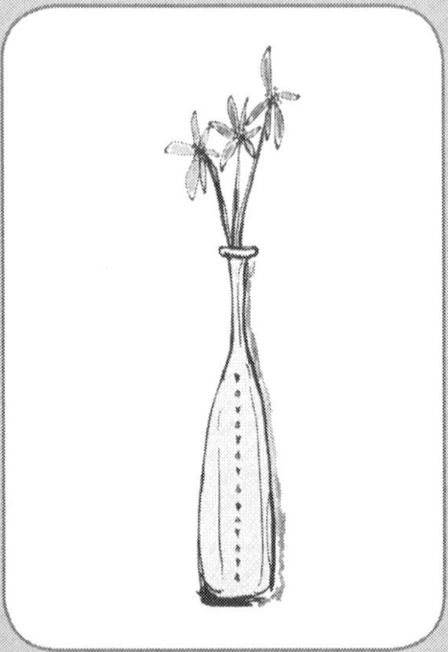

孟子講義

程兆熊 著

我人在盡心知性知天處，更儘可知此心靈之無限。
我人在存心養性以事天處，便儘可知此生命之永恆。
我人在「殀壽不貳，修身以俟之」之處，
更儘可知此性情的不朽。

鵝湖書院叢書總序

我初到鵝湖時，曾有詩抒寫一己之觀感，名「初到鵝湖」。其一爲：

「省識風塵萬里吟，回頭自是白雲深；當年一次鵝湖會，此月還留天地心；
應任予懷山與水，不須他想古猶今；眼前光景如何似？喜見桃花李樹林。」

其二爲：

「等閒覓得新天地，便自逍遙天地中；此水已非前水在，他山更映後山紅。
拈來花草留窗下，整得孩兒過水東；祇是鵝湖欣作主，嬉嬉終不似孩童。」

在鵝湖，東晉時有一姓龔的隱士養了許多鵝。在唐時，有馬祖的大弟子名大義禪師，成了一個大叢林，名峰頂寺。在南宋時，有朱子，陸象山，陸子壽，呂祖謙四先生聚會講學，後來成了一個鵝湖書院，那是天下四大書院之一。到清末民初時，地方人士更從而創辦了鵝湖師範學校和信江中學堂，家父小時，就在那裡讀書。我初到鵝湖之二詩，是成於民國三十四年六月五日。那時抗日戰爭纔結束，我就由地方人士請去辦信江農專，信江農學院，並附設青年軍屯墾訓練班，還計劃辦信江大學。只不過一到三十八年四月四日，我就離了鵝湖，不久又來了臺灣，在臺灣臺北，我偶然和同學沈珠嫣，陳冠州，張清標，劉儷，蔡龍銘等，到了一個翠谷，獲一勝境，頗似鵝湖，因即塡一詞，調名江城子。詞爲：

「由來地久與天長，路漫漫，雲飛揚。翠谷深深，難得是清閒。到此應知無限好，纔放下，即清涼。」

「眼前溪水正潺潺，兩山間，一山莊。境似鵝湖，只不見冰霜！試問一心何所繫？炎夏日，水雲鄉。」

我在以前的鵝湖書院裡，辦了學校，栽種了不少的桃李梨橘，又寫了一些文章，也印了一些書，這都符合著一個書院。但自三十八年四月四日離了鵝湖以後，近四十年來，更在臺灣山地首先栽種著桃梨以至於蘋果，又在臺中農學院寫了不少文章，也在香港新亞書院及臺大，文大等校，印了不少的書，但總是不見了一個書院。因思鵝湖書院雖已遠離，但對一己所居之處與所藏之境，即復名之爲書院；而以所印之書，亦名之爲書院叢書。以免此一書院消失於今日世界，而求安頓此懷，安頓此心，並安頓此一生命和此一世界，又有何不可？爲此之故，我遂將近寫之文，有關生命，有關園林，有關世界，與夫有關農工業文化者，雖不少已發表於各報章雜誌，但爲免散失，終集成一書，並命名爲「生命與世界」，且即以之爲鵝湖叢書之一。另將以前在香港新亞書院所講之經子講義，如四書、五經、人物誌及文心雕龍等，分別編爲《四書大義》，《五經大義》，《人學與人物》及《文學與文心》等書，繼續予以出版，同作鵝湖書院叢書。自念一離鵝湖，即海外飄浮，幸吾妻携出子女六人，終獲成長。杜甫有詩云：「途窮賴友生。」今此鵝湖書院叢書之印行，亦是全賴友生。而明文書局於印行拙著《論中國庭園花木》，《道家思想》以及《儒家思想》等書之後，又鼎力相助，實更可感。故特於此向李董事長潤海，徐主編春梅，劉編輯盈伶等先生小姐誌謝！

民國七十五年十月程兆熊於陽明山

四書大義前言

（一）

本書原擬合下列八書而成一書，此即：

1. 《論語講義》；
2. 《孟子講義》；
3. 《大學講義》；
4. 《中庸講義》；
5. 《論語復講》；
6. 《孟子新講》；
7. 《荀子講義》；

8.《儒家思想與國際社會》。

似此八書，大都為在大學之講義，再加以復講，新講以及擴至國際社會之所謂國際講。猶憶在多年以前，當我將一己所寫「儒家思想與國際社會」之講稿，送請熊十力老先生過目時；他竟於細細觀看之後，特函我道：文章博雜，但在目前，如此說來，亦甚好。迨來臺灣後，除教書於臺中農學院外，復在臺中大度山東海大學外文系講《論語》，並寫成《論語講義》。隨後赴香港中文大學新亞書院講經子課程，先後又寫成《孟子講義》，以及《大學》、《中庸》與《荀子》等講義。寫成之後，又憶及熊老先生之言，並猛憶禪門中之雲門語，此即是：

「問：如何是一代時教？

答：對一說！

問：不是目前機，亦非目前事，如何？

答：倒一說。」

（二）

為此之故，「對一說」了之後，我終不能不「倒一說」。於是復講、新講，以至通講、別講，又相繼而至。在此之際，我的老母，已十七年來未能見一面。不久更長眠於故土，因更千百世不可解於心。今則於寫成《思親集》之餘，又於想念鵝湖之外，遂只能因友人之助，印成一些鵝湖書院叢書。以上所列八書所合成之四書大義，本定為鵝湖書院叢書之五。但校對之際，終覺其間對一說與倒一說，總須酌予一分，而分成兩部，此即：

1. 將「論孟學庸」四本講義作一書，此即為鵝湖書院叢書之六，名《四書大義》。
2. 再將《儒家思想與國際社會》，《論語復講》，《孟子新講》及《荀子講義》四本書，另成一書，此即為鵝湖書院叢書之五，名《儒家教化與國際社會》。

（三）

第二次世界大戰之後，李格氏（James Legge）所譯之英文《四書》，已更為西方人士所重視。即以香港一地而言，此英譯《四書》已無處無之。稍識英文者，幾皆知此書。至於在香港居住之英美人士，則更為人手一冊。近年來，英美德法人士，對一切生產事業之促進，想盡辦法，終無善法；反之，日本、韓國、中華民國，以至香港、新加坡等，曾深受儒家以前所謂「正德、利用、厚生」教化之澤者，其生產情形，竟大不相同。以日本而論，目前財富，已超過美國。此誠為西方始料之所不及。

國際大勢之所趨，總會是：「窮則變，變則通，通則久。」

人類歷史大勢之所趨，總會是：「齊一變至於魯，魯一變至於道。」

於此，《論語》載：「子張問十世可知也？子曰：殷因於夏禮，所損益可知也。周因於殷禮，所損益可知也，其或繼周者，雖百世可知也。」要知百世之下，正是今日。當今之世，又果如何？總之，一切會是很快的！凡是不能對一說的，就倒一說罷。到頭來，凡是不必倒一說的，就再去對一說好了。

（四）

以前朱子盡畢生之力，集註《四書》，終成《四書集註》。其所定之《四書》次序是：《大學》、《中庸》、《論語》、《孟子》。一直到現在，連西人李格之翻譯《四書》，仍照此安排。但當王陽明之弟子問學庸二書如何時，陽明即言：「子思括《大學》一書之義為《中庸》首章」。此使陽明、朱子終不易合。至於朱陸，則陸象山乃直承孟子，而朱子《四書集註》中，實以孟子注解最差。此因彼此精神，其所著重之處，固不必力求其同。惟後學之人，總難免有多少遺憾。為此之故，我之此書，在《大學講義》中，對朱子陽明之所說，兩皆採用。此自大有人不以為然，惟亦只得聽之。至於朱子對孟子之註，我在《孟子新講》中，即不惜長言，加以論辨，亦不復顧及其他。至於四書次序，則亦將「學庸論孟」之排列，整個翻轉，而改為「論孟學庸」。此有二義：一為就一己寫作之時間與研究之步驟而定。我的寫作時間之先後日期，皆於每書前言中，一一註明。二為就「論孟學庸」四書本身而定。朱子以大學為首，乃本伊川所言，即大學為初學入德之門。實則，大學一書，即使為儒家思想教化之一大綱領，但亦不必置之於《論語》之前。而孟子亦不應置之於中庸之後，此實不必多所議論。

（五）

說到我一己新講、後講，以及國際講等等之所作，今分別編為兩書，則自多方便之處。茲不復多說，特書此再作前言。

中華民國七十六年八月七日程兆熊於華岡路

自序

近九年以來，余任教臺中農學院，並主持園藝系。而為從事臺灣山地資源開發，及種植蘋果、梨等於高山地區起見，曾陸續率領系內教授學生等，爬登高山，留居高山族之部落中，以及不復更有人跡之地帶，先後凡五載。於此之際，又曾在東海大學講授《論語》，寫成《論語講義》一書。自覺入山愈深，懷古之情愈切，而對古聖人之心，亦似愈能多少體認一番。

本年暑假期中，香港新亞書院錢校長賓四先生，來函邀往新亞任教。余即回信，謂義所應往。惟此間山地，正待開發，亦理所應留。隨後錢先生採用借調方式，余始克作香港之行。但成行之際，又因香港方面之入境證，發生種種問題，直至香港總督，由英倫回港，予以特准，始獲解決，以致稽延四個月之久。余赴新亞須擔任之功課，經唐教務長君毅兄之排定，計為《論語》及《孟荀》。深覺曠課過久，補授不易；萬一補授不了，自只有發給講義，以供同學閱讀之一法。余雖已印行《論語講義》一書，但《孟子講義》，即不能不趁此際等待入境證而生活甚爲不安之期間，匆匆予以寫作。惟此所謂講義，則一如余之《論語講義》，固皆係僅從義理方面，以立說者。

迨香港入境證寄到時，正好於翻譯《蔬菜栽培學》之後，又將此《孟子講義》寫作完畢。到達香港之際，已是天涯歲暮。匆匆予以講授，不久又放寒假。因又利用寒假，爲同學補課。而同學竟皆能安心以聽。計當時聽講之同學有李潔儀、劉蘊雯、黃雪馨、何焯生、麥仲貴、黃漢超、劉光明、林瑞成、譚佩玲、陳均賢、譚乃亢、陸慶珍、曾省、司徒天正、洪淑琴、麥慕貞、羅啓秀、何湞顯、莊秉、劉智輝、葉紹炳、鄺健行、章應洲、張震、程志瑜、何金蘭、盧淡玲、李素馨、黃育順、麥耀文、辛炎德、何錦寬、陳志誠、杜逢漢、駱鏗祥、江紹德、李超文、蔡錦釵、李燕、陳長熾、陳紹棠、李學銘、郭麗碧、黃漢立、廖鉅林、植柏燊、鍾寶合、黎炳章、陳國濱、謝英東、李文如、陳重謙等，另有不少之旁聽者，如唐太太母女及鄒慧琳、鄭力爲、馬駿聲等。余說話聲音，苦不能大。余因謂講聖賢之書，固須善講，但時至今日，尤須善聽，聽的本領，實更大於講的本領，故甚難得諸同學之聽也。

余以夙習農學之人，來講《孟子》，若在以往，人或笑余爲農家者流，則講之有當與否，又豈能必乎？然泰山巖巖，乃余心之所嚮往，且爲時已久矣。因之，在寫此講義之前，即曾先寫成〈孟子之氣概〉一文。深覺本此「氣概」，以言孟子，則於孟子之言，總能有若干之領略。此則正如余之先草〈孔子的態度〉一文，並本此「態度」，以講《論語》。於此自信，對聖賢之意，總不致離得太遠。若有仁人，能賜予教正，則幸何如之。又此書出版，承老友張禫林兄及葉廷楣先生等協助。復承李教授定一兄介紹陶經理承章概允負總經售之責，且承農院同事蔡繼聰、鍾維娜兩君幫忙校對，統此誌謝。

四十九年一月二十七日農曆四十八年除夕　自序於香港九龍土瓜灣農圃道六號五層樓上

「有如撞洪鐘，合響入迢遞」——程兆熊《孟子講義》導讀

胡可濤

《孟子》與《論語》相類，是孟子的言論彙編集，只不過由孟子與其弟子共同編撰而成。南宋時期，朱子將其與《大學》、《論語》、《中庸》合在一起，稱爲「四書」。伴隨著朱子學的發展，《四書》成爲科舉考試的必考書目，也是傳統知識份子必讀的經典之一。在《四書》中，《孟子》字數最多，故理解起來殊爲不易。後世注《孟》、解《孟》的作品不計其數，其中較著者有東漢趙岐的《孟子注疏》、南宋朱熹的《孟子集注》、清代焦循的《孟子正義》、戴震的《孟子字義疏證》等。近人著作影響較大的則有康有爲的《孟子微》、溫晉城的《孟子會箋》、錢穆的《孟子研究》、郎擎霄的《孟子學案》等。進入現代，則更多學者採用白話文方式對《孟子》進行解讀，其中流傳最廣，最爲完備的是楊伯峻的《孟子譯注》一書。在卷帙浩繁的作品中，程兆熊先生的《孟子講義》在很長的時間內，

幾乎不為學界所知。不過，我好奇的是程先生所學是農學，所長是園藝學，可是他遍注四書五經，學貫儒、釋、道、耶等，讓人嘖嘖稱奇，亦讓人覺得不可思議。是什麼讓他「不務正業」，對傳統文化投注如此大的熱情和心力？

「程兆熊」這個名字，是我二〇一五年在臺灣參加學術會議之餘，逛臺灣二手書店無意中注意到的。後來陸陸續續去了幾次臺灣，我竟然搜羅到了他寫的十幾本書籍。若干年前，以研究康德名世的鄧曉芒教授曾提出「儒家最大的問題是僞善」的觀點，引發大陸學界的激烈爭論。我當然不同意鄧教授的觀點，但是當把儒家思想只是作為一種知識系統加以研究，而不要求研究者躬身踐行，「僞善」似乎很難不成為當代學者身上出現的一個突出問題。畢竟，儒家倫理對於知識份子有著較高的道德要求，倘使只是「說得漂亮」而做得「不好看」，這種反差不是「僞善」又是什麼呢？作為儒學的研究者，如何處理這個問題？這是很長一段時間困擾我的一個問題。當我看到程先生那本名叫《儒家思想——性情之教》的書，如海潮音，似獅子吼，讓我醍醐灌頂，心裡的疑惑頓時渙然冰釋。繼而，我瀏覽了先生的其他書籍，毅然決定讓學生韓秀秀以「性情之教」作為主題詞，開展對程先生思想的系統研究。

程先生的弟子黃慶明教授根據臺大圖書館的館藏資料整理出其著作有六十本❶。後來，與李惠君女士交流，她說程先生的著作應該在百本左右。以我目前的閱讀來看，他在書中偶爾會提及一些市面上已經不見的作品名字，粗略算下來數量應該相差不大。我特別驚奇民國（1912-1949）那個年代成長的學者，動輒十幾本甚至幾十本著作，而且還能橫跨眾多學科領域。程先生一生中當過兵、從過政、辦過刊、興過教，我很難想像在如此繁忙的條件下居然能夠著作等身。我敢說，迄今爲止，單就作品的數量而言，在理工類學者中很少有人能夠望其項背。先生自言：「泰山岩岩，乃余心所嚮往，且爲時已久矣。」他幼承庭訓，後入私塾，師從邵子固、郭雨化諸師，打下了比較紮實的國學功底。後來，親炙於熊十力先生，並與錢穆、唐君毅、牟宗三諸先生相善，可謂志同道合，莫逆於心。一九三八年，程兆熊先生獲得法國巴黎大學文學博士學位，博士論文的題目爲《中國滿洲的農民生活》。回國後他曾創辦《歷史理想》等雜誌，一度開辦「鵝湖書院」，並與錢穆、唐君毅等人攜手創辦「新亞書院」，後在中興大學、文化大學等校從事農學與園藝學的研究。先生一直筆耕不輟，在臺灣山地的調查中，他陸續撰寫了《高山行》、《山地書》、《高山族中》、《臺灣山地日記》、《臺灣山地紀行》等書。這些書籍以不同的形式，呈現先生在山地調查中的所觀、所聞、所感與所思，隱約流露出他對原住民質樸自然的生活方式遭遇現代文明衝擊的憂慮。從中也不難看出先生既有科學家的「可信」，又有文人雅士「可愛」的一面。先生晚年於傳統文化之領悟漸臻化境，在文化大學哲學系講授中國哲學，並指導博士數人。或可說，研究農學是先生大半生的職業，而弘揚儒學則是先生一生的志業。

程兆熊先生的這本《孟子講義》，是一九五九年他第二次應邀赴香港新亞書院任教，在等待辦理入境證期間所撰，主要目的在於「供學生閱讀以補曠課之失」。一九八八年，該書被收入明文書局「鵝湖書院叢書」之一的《四書大義》中。一九六六年，程先生感到《孟子講義》還需要補充與完善，又作了《孟子新講》一書：「嗣後即用此講義，講授至今，深覺須待補充之處甚多，因又成《孟子新講》一書。此所謂講乃補前此講義中所未講者，本應補講，惟亦盡有新義，如〈養氣〉、〈盡心〉等條所講，故稱新講。」[2]故而，若是兩書能夠結合起來閱讀，或可更好地把握先生對於孟子思想詮釋的苦心孤詣。

從對文本的重視程度來看，程兆熊先生非常推崇《孟子》一書。南宋理學大師朱熹創立「四書學」系統，他對「四書」的排序依次是《大學》、《論語》、《孟子》、《中庸》，而程先生的《四書大義》則將之改爲《論語》、《孟子》、《大學》、《中庸》。他給出的

[1] 黃慶明：《懷念程兆熊老師》，《鵝湖月刊》，2001年第3期（總第315期），第56-57頁。
[2] 程兆熊：《儒家教化與國際社會》，明文書局，1988年版，第253頁。

理由有二：一則根據他本人的寫作時間順序，他在一九五八年至一九六〇年先後撰成《論語講義》、《孟子講義》、《大學講義》以及《中庸講義》。二則，在他看來，《論語》、《孟子》本來就有，而《大學》和《中庸》採擷自《禮記》，故而《論語》、《孟子》、《大學》、《中庸》才是合理的順序。並且，他認爲宋儒中陸九淵「直承孟子」，與孟子思想頗爲契合，至於朱子則析「心」與「理」爲二，不透本體，故而與孟子的精神方枘圓鑿。自然，在他看來，朱熹的《四書集注》中，「實以《孟子》注解最差」。

從該書的編排來看，爲了便於讀者對孟子思想的把握，作者列出了一些標題，以起到提綱挈領的作用。《孟子》共七章，每章分上、下篇，按照這個順序，程先生這個講義分成了十四講。不過，值得注意的是，他不是每一章都一個標題，而是根據需要，有的則採用兩章一個標題，可見下表：

《孟子》原書章名	程兆熊先生所設標題
〈梁惠王章上〉、〈梁惠王章下〉	仁義之言：政治、經濟與人生之歸宿（第一、二講）
〈公孫丑章句上〉、〈公孫丑章句下〉	養氣之理：個人與國家民族氣概之產生（第三、四講》
〈滕文公章句上〉	民事之義：生命、生產與性情之安頓（第五講）

〈滕文公章句下〉	出處之方：一己之精神之客觀化與絕對化（第六講）
〈離婁章句上〉、〈離婁章句下〉	傳統之路：歷史與文化之使命擔當（第七、八講）
〈萬章章句上〉、〈萬章章句下〉	人道之常：人子、政權與個人之義命（第九、十講）
〈告子章句上〉	性善之論：人類應有一大根本肯定（第十一講）
〈告子章句下〉	成己之論：禮、禮物與君子自處（第十二講）
〈盡心章句上〉、〈盡心章句下〉	盡心之章：盡心、知性、知天與生命之永恆。（第十三、十四講）

看到這些標題，我們立即可以聯想《孟子》中的一些篇章中的關鍵性段落，譬如我們看到第一、二講，可以聯想到孟子見梁惠王只談仁義不談利的場景；看到第十一講，就能想起孟子與告子對人性的辯論。毋庸諱言，每一個標題都是程先生對每一章中心意旨的凝煉與概括。這樣的概括，不至於讓讀者在閱讀《孟子》的過程中，因爲對話內容的鬆散而產生迷離之感。

在撰寫《孟子講義》一書之前，程先生曾撰寫《孟子之氣概》一文，深感「氣概」二字與孟學之精神契合無間。非獨「威武不能屈，富貴不能淫，貧賤不能移」的大丈夫精神是

「氣概」，非獨「舜何人也？予何人也？有爲者若是」是「氣概」，「方今天下，捨我其誰哉？」亦是「氣概」。面對中華文化的「瓜果飄零」（唐君毅語），面對傳統典籍淪爲「博物館陳列」（列文森語）的命運，身爲中國人，身爲中國的知識份子，不能不無所動容，不能不拿出「大丈夫」的氣概來。故而，程先生不單純以知識人的身份去詮釋孟子的思想，更是以儒者的道義擔當去踐履孟子的精神。應該說，《孟子講義》對孟子思想的解讀，不是傳統經學家那種「以經解經」的知識性解讀，而是作爲現代新儒家學者的身份傳承歷史文化慧命，賡續中華民族精神責任擔當式的「生命詮釋」。有了這樣的精神契合，使得程先生對於孟子的解讀更爲精準，更爲有力，「有如撞洪鐘，合響入迢遞」（宋儒劉子翬語）。

綜觀《孟子講義》一書，其對孟子思想的詮釋大體呈現以下三個特點：

其一，詮釋的主題性：對於程兆熊先生而言，他的特色在於以「性情」二字貫穿其思想之始終，充分肯定儒家的「性情之教」。現代新儒家學派肯定性善論，認爲這是中華文化的「核心」。唐君毅先生謂：「儒家性情之概念，乃其人心觀之核心。有性情而心有內容，心有實在性與實效性。亦即有性情而人心之知，心之神，與心之志氣，有其實在性與實效性。」[3]如此，觀察程先生的立場，與之完全一致。從他對《孟子》的解讀看，性善論可謂性情論的依據和根基：「孟子有見於性情之本，故又因之有取於源泉，而直從本源上，說其消息，言其流性。」[4]。簡言之，如果我們能夠好好做人，保持好我們的良心善性，我們自然就能夠綻放眞性情，如果統治者能夠施行仁政，「與民同樂」，那麼人民自然能夠安居樂業。正如他對「未有仁而遺其親者也，未有義而後其君者也」的解釋：「大家有了歸宿，親與君亦有了歸宿；而親之與君有了歸宿，大家亦復有了歸宿。因此之故，仁義之一經點出，生命便即有了安頓，從而，性情有了安排，世界也有了安排，宇宙也會有了安排。到此，家國天下便一齊定下來，身和心也定下來，此乃是所謂以美利利天下，是故孟子更重言這道。」[5]

其二，詮釋的時代性：孟子繼承孔子的思想創立了「仁說」，而這「仁說」自然貫穿孟子思想的始終。不同於荀子從人「趨利避害」的自然屬性和「弱肉強食」的社會層面對人性的觀察，孟子是從人的本質屬性，從人區別於動物的根本差別去觀察人性，「人之性善，猶水之就下」。在孟子那裡，談道德、說仁義不是蹈空凌虛的道德說教，而是人性光芒的自然綻放，而人間的「理想國」必須建立在這種人性的肯定之上。只不過，需要統治者能夠「與

---

3. 唐君毅：《中國文化之精神價值》，江蘇教育出版社，2006年版，第147頁。
4. 程兆熊：《孟子講義》，華夏出版公司，2023年版，第163頁。
5. 程兆熊：《孟子講義》，華夏出版公司，2023年版，第21頁。

民同樂」、「推恩於天下」。當然，我們也知道這種做法在邏輯上是可能的，但是如何落實卻成爲一個很棘手的問題。至少，君主如何產生缺乏一套客觀化的制度安排。程先生對於幾千年專制之毒瘤，亦有深切之反省。他說：「在人類歷史上，每每有『一夫』成爲政治的首腦，以致成爲『政治的神話』，造成歷史的悲劇。要如何扭轉此歷史的悲劇，去除此政治的神話，以使政治的首腦不致成爲一夫，此實人類一大歷史的課題。」[6]程先生雖然沒有提出像牟宗三先生「內聖開外王」那樣的完整理論，但是他亦肯定要走出專制政治的淵藪，就必須建立客觀的制度，形成客觀的標準。但是，他又認爲絕不能僅僅停留於此，「必有事焉而勿正，心勿忘，勿助長也」。在他看來，傳統政治的現代轉型不僅不能簡單地照搬西方的民主法治，而且絕不能丟掉中國傳統德治思想的智慧。

其三，詮釋的開放性：爲了更好地讓讀者理解孟子的思想，程兆熊先生不僅不局限於「以孟解孟」、「以儒解孟」，而是以開放的態度，接納各種思想文本來加以利用。譬如他在第一講中引用佛教的典籍《禪林類聚》中張九成問道於胡文定的典故，甚至他還借助基督教的上帝理論來強調「仁義」的重要性。他說：「人類在自然界，是相依爲命的；人類在上帝面前也是相依爲命的；而人類在蒼穹之下，更是相依爲命的！只此『相依爲命』，即不能不以仁義爲言。」[7]他對西方哲學史非常熟稔，他不僅注意到西方思想中的「性情」

與孟子性情說的差異，而且高度肯定孟子性情說的特色。對於一切能夠有助於解讀孟子思想的理論，他均採取了開放性的態度，比如他借用丹麥存在主義大師Kierkegaard的「主體就是眞理」來說明孟子所講的「與民偕樂」。此外，他借助佛教的理論解釋「不動心」特別精彩，他說：「大小乘皆以迷眞爲無明，而大乘更以迷根本爲無明。免於迷眞，有賴於眞之顯；免於迷根本，有賴於根本之悟；故破無明，終賴於無明。而『不惑』之明，則是『清明在躬』，這不僅僅是『顯』，亦不僅僅是『悟』。這與『不動心』之明，可以爲一，亦可以爲二。故不動心可以到不惑之境，亦可以不是眞正的不惑，而只是一顯之不惑，惑一悟之不惑。」[8]以此，他區別了孔子、孟子和告子的不動心：孔子的「四十不惑」是從心體上說，是「一理之流行」；孟子的「四十不動心」是從氣概上說，是「一氣之流行」；至於告子的「不動心」，則是從認知上說，是「智光之一顯一悟」。

蔡長林先生說：「不論就學術史的角度，或者當代新儒家的研究視野而言，程兆熊都不應該是被忽視埋沒的學者。」[9]然而，對於程兆熊先生思想的研究，首先要弄清楚他對經典

❻程兆熊：《孟子講義》，華夏出版公司，2023年版，第40頁。
❼程兆熊：《孟子講義》，華夏出版公司，2023年版，第21頁。
❽程兆熊：《孟子講義》，華夏出版公司，2023年版，第56頁。

文本的詮釋態度。基於港臺新儒家強調和重視心性論的特點，從程兆熊先生的這本《孟子講義》入手，或許管中窺豹，可見一斑。

承蒙華夏出版公司不棄，邀我爲本書作一導讀。吾不揣淺陋，草成此文，姑以交差。當與不當，且需諸君細讀程先生原書，顧安承教。

胡可濤

二〇二三年九月十八日子時

❾蔡長林：《亂世哀音——程兆熊及其〈春秋講義〉》，《人文中國學報》，2016年第23期，第303-330頁。

CONTENTS

C O N T E N T S

孟子講義

第一講　仁義之言：政治、經濟與人生之歸宿（一）——梁惠王章　上

一

孟子見梁惠王，王曰：「叟！不遠千里而來，亦將有以利吾國乎？」

孟子對曰：「王何必曰利？亦有仁義而已矣！王曰『何以利吾國』，士大夫曰『何以利吾家』，士庶人曰『何以利吾身』，上下交征利，而國危矣。萬乘之國，弒其君者，必千乘之家。千乘之國，弒其君者，必百乘之家。萬取千焉，千取百焉，不為不多矣，苟為後義而先利，不奪不饜。未有仁而遺其親者也，未有義而後其君者也。王亦曰『仁義而已矣』，何必曰利？」

於此，一下子指出了人群組織之道，亦即一下子指出了政治經濟與人生之歸宿。其所謂「何必曰利」，實乃言：「利不可首出，利不可孤言。」就利不可首出上說，經濟必須置於政治之下，政治必須置於文教之下，而文教之所從而出，則爲人類本有之向上一機。必如此，則「食物」始能聯結著「神聖的語言」，或聖人之言，亦或所謂「上帝口裏的話」；而新約所載耶穌於講那「道」之際，分著五個餅兩條魚的事，方有其無限和無盡之義。就利不可孤言上說，則一不孤立地言，便即是所謂「利者，義之和也」。由元而亨，更由亨而利，由利而貞，貞下起元，方是永恆和不息之義。到此，所可首出而孤言者，自是只有仁義，故曰：「亦有仁義而已矣。」

要是大家都把利放在第一位，則王以國爲其利，大夫以家爲利，士庶人以身爲利，最初會是彼此漠不相關，其次是上下離心離德，終必是大家拼命爭奪，如此一來，國固解體，而家亦睽離，而身則不能不陷溺，從而更以利害爲先，而以正義爲後，於此，利便決定一切了：少以成其多爲利，下以犯其上爲利，橫的一方面，不斷席捲，縱的一方面，不斷上翻，這正就是所謂「不奪不饜」，人群即無組織之可言。

太史公曰：

「余讀孟子書，至梁惠王問何以利吾國，未嘗不廢書而嘆也，曰：嗟乎！利誠亂之始也。夫子罕言利，常防其原也。故曰：放於利而行，多怨。」

當人群無組織之可言時，自只有天下大亂而後已。而當天下大亂而後已時，則又一切將俱無利之可言。到此，把利放在第一位，讓那利決定一切者，方知堤防一決，必歸汎濫了。而防汎之道，終須築堤。美國人文學者白耳壁德氏（友人吳宓先生四十年前，即曾於其所主編學術雜誌中介紹其學說，惜少人領會）在他的《民主與領導》一書中，曾說：

「從經濟問題引到政治問題，從政治問題引到哲學問題，而哲學問題終必無疑義地與宗教問題打成一片。」

於此，所謂經濟問題接上政治問題，又須接上哲學問題，更接上宗教問題，正是在人群的組織上，對利的步步設防，和逐步的築堤和作壩。

從人群組織上說，欲相依爲命，必須彼此能親和；欲彼此親和，必須能無「多怨」；而欲罷無多怨，則必不應「放於利而行」。人類在自然界是相依爲命的；人類在上帝前也是相依爲命的；而人類在穹蒼之下，更是相依爲命的！只此「相依爲命」，即不能不以仁義爲言。由此而便讓經濟接上政治，經濟便獲其歸宿；由此而便讓政治接上文教，政治便獲其歸宿。這裏會是儘有其哲學上和宗教上的問題，但宗教與哲學，亦終須有其仁義上的歸宿。

《禪林類聚》載：張九成謁胡文定公，問修己和治心之道。胡曰：「公但熟讀孟子，將他言仁義之處，類作一處看。」一日如廁，因思惻隱之心，乃仁之端，忽聞蛙鳴，豁然有省……不覺大笑，汗下被體。遂述偈云：「春天月夜一聲蛙，撞破乾坤共一家；正恁麼時誰會得？嶺頭腳痛有元沙。」

到此之時，人生自然會也有歸宿。仁讓「乾坤共一家」，這是無入而不自得；義讓「腳痛有元沙」，這是無往而不通行。

故從政治經濟與人生之歸宿上說，那正就是所謂：

「未有仁而遺其親者也，未有義而後其君者也。」

大家有了歸宿，親與君亦有了歸宿；而親之與君有了歸宿，大家亦復有了歸宿。因此之故，仁義之一經點出，生命便即有了安頓，從而，性情有了安排，世界也有了安排，宇宙也會有了安排。到此，家國天下便一齊定下來，身和心也定下來。此乃是所謂「以美利利天下」，是故孟子更重言道：

「王亦曰：仁義而已矣，何必曰利！」

要是大家都把利單獨說起來，那便是「唯利是言」，這和把利放在第一位，而「唯利是圖」，則正是一種「理論與實踐」上的交互為用。這是「生心害政」。這會把政治問題拉到經濟問題下面來，這又會把宗教與哲學問題，拉到政治問題下面來。這一拉下來，便頓失其「向上一機」了，且務須去其向上一機而後已。而當把利去單獨說時，亦復把物單獨說，從而與生命不相干，與性情不相干，與世界不相干，與整個的宇宙亦不相干。家國天下，一齊被物化了，身之與心，也一齊被物所化了。源頭上一混濁了，便一切成了混濁。人類的歷史只是鬥爭的歷史；人類的社會，只是階級的社會；人類的文化，只是無明的文化；這都是一齊推論下來的「生心害政」之言。故夫子罕言利，正是那太史公所說，乃是「常防其原也」。若更把利單獨說，這便會是去掉人類的大防！梁惠王一見孟子就言著利，這自不能不使孟子回答道：

「王何必曰利？亦有仁義而已矣！」

如此置答，正是所謂截斷眾流，並儘足以見出孟子之「泰山巖巖」處。

二

孟子見梁惠王，王立於沼上，顧鴻雁麋鹿，曰：「賢者亦樂此乎？」

孟子對曰：「賢者而後樂此，不賢者雖有此，不樂也。《詩》云：『經始靈

臺，經之營之，庶民攻之，不日成之。經始勿亟，庶民子來。王在靈囿，麀鹿攸伏；麀鹿濯濯，白鳥鶴鶴，王在靈沼，於牣魚躍。』文王以民力為臺為沼，而民歡樂之，謂其臺曰靈臺，謂其沼曰靈沼，樂其有麋鹿魚鼈。古之人與民偕樂，故能樂也。《湯誓》曰：『時日害喪，予及女偕亡。』民欲與之偕亡，雖有臺池鳥獸，豈能獨樂哉？」

利不可單獨說，樂亦不可單獨說。在這上面，必須將心情敞開來，必須推擴得開，方能看出性情，方能天地變化，方能草木蕃昌，方能另有一番氣象。在這裏，樂的後面，會儘有其一主體性，這「主體性就是眞理」（丹麥存在主義者Kiergegaard氏語）。在這裏，樂的上面，會儘有其一大心靈，這一大心靈，總是「純亦不已」。就這樣，便把一切提挈起來，讓人有物，而能樂。此即所謂：

「賢者而後樂此。」

此正如所謂「仁者以財發身」，乃是眞實受用得了。此一眞實受用，乃是一主體性的受用，乃是一大心靈的受用。由此便自然能與民偕樂了。由此而「經始靈臺，經之營之，庶民攻之，不日成之，經始勿亟，庶民子來」，這便是一大心靈的交感。由此而「王在靈囿，麀鹿攸伏；麀鹿濯濯，白鳥鶴鶴，王在靈沼，於牣魚躍」，這便是一大性情的滲透。必如此，方是「能樂」。因此說：

「古之人與民偕樂，故能樂也。」

就在這「與民偕樂」裏，你可以見出主體性，即見出道德的主體。就在這「與民偕樂」裏，你又可以見出一大心靈，見出一大道德與藝術的心靈。而別開這道德的主體以及道德與藝術的心靈，以把樂去單獨說，即無性情之可言，並亦無生命之可指。此則如何能樂？此則如何能把一切提挈起來，讓人有物而能樂？因此，就只好說：

「不賢者雖有此不樂也。」

此「雖有此不樂」，是從性情的眞正接觸上和生命的眞正受用上說。而其所以接觸不到和受用不了，則是因爲此心敞不開，此意推擴不開來。由此而性情膠固，生命萎縮，既作不了主體，又從而陷溺夾雜。就此而言，此正是所謂「不仁者以身發財」。其「有此」，只是成其一種聚積的對象，而非所以澤潤著生命，關注著性情，故實不足以言樂。

若從單獨言樂，而不顧其他一切，只顧縱其一己之樂上說，那便是以生命殉樂。當其以生命殉樂時，則此樂便成性情之災。當此樂一成性情之災時，則此樂即成生民之患。到此等地步，樂即不仁，而不仁者亦復只能樂此「不仁」之樂。這對性情與生命，乃一大否定；這對那一大心靈，是一大抹煞；這是喪心！這是心的不由主，因而病狂。這是以萬民之苦，爲一己之樂，這是一大顚倒。這令人嚷著「時日曷喪？予及汝偕亡」！這實是自求毀滅，實不能樂。於此，不能樂，是從外面說，是從勢言，故曰：「民欲與之偕亡，雖有臺池鳥獸，豈能獨樂哉？」

這和「不賢者雖有此不樂也」的說法，相互去對照一下，是降於另一個層次之上的說法。

三

梁惠王曰：「寡人之於國也，盡心焉已耳。河內凶，則移其民於河東，移其粟於河內。河東凶亦然。察鄰國之政，無如寡人之用心者。鄰國之民不加少，寡人之民不加多，何也？」

孟子對曰：「王好戰，請以戰喻。塡然鼓之，兵刃既接，棄甲曳兵而走，或百步而後止，或五十步而後止。以五十步笑百步，則何如？」

曰：「不可！直不百步耳，是亦走也。」

曰：「王如知此，則無望民之多於鄰國也。不違農時，穀不可勝食也。數罟不入洿池，魚鼈不可勝食也。斧斤以時入山林，材木不可勝用也。穀與魚鼈不可勝食，材木不可勝用，是使民養生喪死無憾也。養生喪死無憾，王道之始也。五畝之宅，樹之以桑，五十者可以衣帛矣。雞豚狗彘之畜，無失其時，七十者可以食肉矣。百畝之田，勿奪其時，數口之家可以無飢矣。謹庠序之教，申之以孝悌之義，頒白者不負載於道路矣。七十者衣帛食肉，黎民不飢不寒，然而不王者，未之有也。狗彘食人食而不知檢，塗有餓莩而不知發，人死，則曰：『非我也，歲也。』是何異於刺人而殺之，曰：『非我也，兵也。』王無罪歲，斯天下之民至矣。」

於此所言，實是賦物質以精神的意義，賦予經濟以教化的意義，賦予政治以「生命的安頓」上的意義。「五畝之宅，樹之以桑」和「百畝之田，勿奪其時」，這亦是言「利」；但此言利，則不是把那利孤言，更不是讓利首出。這只是要「王無罪歲」，這只是要「天下之民至焉」。於此而盡其心腸，以致力於物質之生產，便可見其全副是精神的。於此而盡其心腸，以致力於經濟之事業，便可見其無非是教化的。於此而盡其心腸，其致力於諸政治之設施，便見其所安頓者是一個個的眞個體，又是一大生命。而伴此一大生命者更是一大性情。於此而盡其心腸，其致力於養生送死而無憾，是王道之始，亦正是王道之終。說「七十者衣帛食肉，黎民不飢不寒，然而不王者，未之有也」，固似把王道看得太易，但能於此而盡其心，致其力於七十者之衣帛食肉，並能念茲在茲於黎民之一旦飢寒，則在性情與性情的接觸之間，在生命與生命的感應之際，就亦正所以見出「王道易易」之終。

「狗彘食人食而不知檢」，這是人道之窮。「塗有餓莩而不知發」，這是此心之死。於此而能盡其心，以使此心不死，則經濟事業反而成了基礎。而本此基礎，以言教化，教化方有其著落。於此而盡其心，以使人道不窮，則物質生產，又復成了末著。而爲此末著，以言其精神，精神更有意義。不賦予物質以精神的意義，即無怪「狗彘食人食而不知檢」。不賦予經濟以教化的意義，即必至「塗有餓莩而不知發」。在此以言政治應有的趨向，自會是「德者本也，財者末也」。於此言利，則利絕不可首出，並絕不可孤言。

四

梁惠王曰：「寡人願安承教。」

孟子對曰：「殺人以梃與刃，有以異乎？」

曰：「無以異也」。

「以刃與政，有以異乎？」

曰：「無以異也。」

曰：「庖有肥肉，廄有肥馬，民有飢色，野有餓莩，此率獸而食人也。獸相食，人且惡之。為民父母，行政不免於率獸而食人，惡在其為民父母也？仲尼曰：『始作俑者，其無後乎？』為其象人而用之也，如之何其使斯民飢而死也？」

實則以政殺人，遠甚於以刃殺人。大凡以政治殺人，其最甚者：一爲只顧統治階級之利益，以致造成治者與被治者間之對立；一爲只顧軍需與武力之需求，以致造成國防與民生上之大矛盾。而在上者之只顧個人享受，是猶在其次的。於此所謂「庖有肥肉，廄有肥馬」與

「民有飢色，野有餓莩」間之對立與矛盾，其由只顧那個人之享受而來者，實遠不及其只顧個人之野心所由至者。基於只顧個人之野心或權力欲，或誇大狂，使其認爲首要者是爪牙，因而只顧其統治階級之利益；又使其認爲至不可少者爲黷武，因而只顧其軍需與武力之需求。在此之際，其率獸而食人之事，既可以爲此爪牙所蒙蔽，亦可以以國防爲藉口，而視爲當然了。由此治者與被治者間之對立，愈來愈甚，而國防與民生之矛盾，亦愈來愈甚，結果之所至，治者固被遺棄，而國防亦復解體。誤其一己又復誤國，遂形成一大歷史之悲劇。欲扭轉這一大悲劇，則培養民力，使在上者之野心不能得逞，是一途徑；訴諸良心，使在上者個人之野心，終有被感化之日，亦是一途徑。在此一大歷史的悲劇中，說「惡在其爲民父母也？」那是點醒爲政者的尊嚴；說「始作俑者，其無後乎？」那是提出人的尊嚴。當爲政者深知其一己應有的尊嚴，而又深知人的尊嚴時，此則對「斯民」之飢而死，便不能不惻然了。此使那孟子隨後對齊宣王所說：「保民而王，莫之能禦也」之言，更有其莫大之意義。而其緊接著的對梁惠王所說「仁者無敵，王請勿疑」之言，則更是因爲只有仁者方能免除治者與被治者間之大對立，並能眞正消解國防與民生上之大矛盾，而讓人群有其親和切實之組織，並讓政治經濟與夫人生，有其眞正永恆之歸宿，所以永遠會站得住，所以無敵。

五

孟子見梁襄王，出，語人曰：「望不似人君，就之而不見所畏焉，卒然問曰：『天下惡乎定？』吾對曰：『定於一。』『孰能一之？』對曰：『不嗜殺人者能一之。』『孰能與之？』對曰：『天下莫不與也。王知夫苗乎？七八月之間旱，則苗槁矣。天油然作雲，沛然下雨，則苗浡然興之矣。其如是，孰能禦之？今夫天下之人牧，未有不嗜殺人者也。如有不嗜殺人者，則天下之民皆引領而望之矣。誠如是也，民歸之，猶水之就下，沛然誰能禦之？』」

這「定於一」，非定於一人，亦非定於一家，並亦非定於一國，更非定於一黨或一派或一個所謂階級，而實是定於一個原則。

但此原則，不會是一個僅僅屬於政治上的原則，亦不會是一個僅僅屬於經濟上的原則，亦不會是一個僅僅屬於哲學上的原則或者宗教上的原則，更不會是一個所謂科學的社會主義的原則，那只是一個直屬於人類本性上的大原則。而此一大原則的釐定，則是只須訴之於人類內心上的安與不安；必須順著此一大原則始安，不順此一大原則，則不安。故這「安」是第一義，安於一，則定於一。

而這所謂安於一，就是安於仁。「純亦不已」，就是一，而「純亦不已」也就是仁。「文思安安」是依據於仁，而「文思安安」也是依於一。由此定於一，則正是定於仁。仁是一個直接屬諸人類本性上的大原則，實即人類的本性。那是心性的本體，那是性情的別名。性情行事，則天下歸仁。而天下歸仁，則更任性情作主。

有性情作主於天下，則「不嗜殺人者」，自「能一之」。

就事實上說：不殺一人而一天下，自屬事實之所無。但就原則上說：爲一天下而嗜殺著人，總是一大顛倒，一大瘋狂，一大惑亂，即使能一之，亦只是僾持天下，或狐媚以取天下了。而「狂風不終朝，驟雨不終日」，其所以爲禍於天下者，正所以自戕。

在一個惑亂瘋狂與顛倒的時代中，人多會有其心理上的變態。此一心理上的變態，再加上那人間極度的苦惱憂悲，自必乖其性情，而會自求毀滅。人而至於嗜殺人，實始於自求著毀滅，又終於自求著毀滅。此爲個人的大悲劇，實亦爲時代的大悲劇。

在此一大悲劇下，有不嗜殺人者，即爲悲劇之突破。而「天油然作雲，沛然下雨，則苗浡然興之矣」，即爲此悲劇突破之相。天下之民，皆引領而望而不嗜殺人者出，此乃悲劇不會終爲悲劇之一最大保證。這是基於人類本性上的一大原則之符合，這是性情之終歸於貞，這是那仁道之所以為至大。故曰：

「天下莫不與也。」

在至大的仁道下，在性情下，在直接屬於那人類本性上的一大原則下，「不嗜殺人」自只會是一個大起點。但有此起點，則一起即一齊起了。由此而善推其所為，則即如以下孟子對齊宣王之所稱：

「老吾老，以及人之老。幼吾幼，以及人之幼。天下可運於掌。」

而其所稱「保民而王，莫之能禦也」，便是「仁覆天下」。於此，「恆產」之政治的保障，以免「無恆產，因無恆心」，則正所以使財產除成為生活的資具外，又成為一大自由的憑藉，而讓人人保有其一己之精神，獲其一己之完成，又獲其家國與天下之完成。這即是「定於一」的要著。

第二講　仁義之言：政治、經濟與人生之歸宿（二）——梁惠王章　下

六

齊宣王問曰：「交鄰國有道乎？」

孟子對曰：「有。惟仁者為能以大事小，是故湯事葛，文王事昆夷。惟智者為能以小事大，故大王事獯鬻，句踐事吳。以大事小者，樂天者也。以小事大者，畏天者也。樂天者，保天下。畏天者，保其國。《詩》云：畏天之威，於時保之。」

王曰：「大哉言矣，寡人有疾，寡人好勇。」

對曰：「王請無好小勇。夫撫劍疾視曰：『彼惡敢當我哉？』此匹夫之勇，敵一人者也。王請大之。《詩》云：『王赫斯怒，爰整其旅，以遏徂莒，以篤周祜，以對於天下。』此文王之勇也。文王一怒而安天下之民。《書》曰：『天降下民，作之君，作之師。惟曰其助上帝，寵之四方。有罪無罪，惟我在。天下曷敢有越厥志？』一人衡行於天下，武王恥之，此武王之勇也。而武王亦一怒而安天下之民。今王亦一怒而安天下之民，民惟恐王之不好勇也。」

仁者是一己的絕對客觀化，他無對無待，他不復有其對待相，因而泯大小，故儘可以以大事小。根據一個原則，以大事小。

智者則能把客觀的事物，看得清清楚楚，他對一己，能有其限定，因而大小分明，故儘可以以小事大。根據一種形勢，以小事大。

以大事小，無對無待，故為樂天：即樂乎上天之安排，樂於以上天之意旨為意旨。

以小事大，限定自己，故為畏天：即畏天之命，畏天於冥冥中所有之措施，而視天為高高在上，希有以挽回天心，獲其垂鑒，並施恩典，俾獲自存。

樂天者，其仁如天，於此便儘可以「以仁覆天下」，故能保有天下。這是根據一個原則上的保有天下，以使天下歸仁。

畏天者，其智如水。於此便儘可以「以智求自全」，故能保有其國。這是根據一種形勢下的保有其國，以使藩籬永固。

此保天下之工作，是一個永續不斷之工作；此保其國之工作，亦是一個永續不斷之工作。這其間不能有一息之或懈，這其間儘有其穆穆綿綿之意，這其間會儘有「於穆不已」。因此，不論是以大事小，或以小事大；不論是保天下或保其國，皆須如詩所云：

「畏天之威，於時保之。」

勇者有勇，但智者必兼勇，仁者必有勇。而其勇之層次，亦復步步不同。勇者僅有之勇，那是居於第一個層次上。智者兼有之勇，那是居於更上的一個層次上。而仁者必有之勇，則是居於最上的一個層次。因勇的層次之不同，所以勇的大小亦復有異。所謂大勇，就是仁者之勇。

文王一怒而安天下之民，武王亦一怒而安天下之民。這怒是因天下之民之怒而怒，這安是因天下之民之安而安。惟其怒以天下，所以安以天下。於此，文王與武王都儘有其一己絕大客觀化之相。其「以遏徂莒，以篤周祜，以對於天下」，是一己一大客觀化之相。其「助上帝，寵之四方」，亦是一己一大客觀化之相。惟其一己能有其一大客觀化，所以其勇便不是局限於一己之勇。此局限於一己之勇即是勇者之勇，匹夫之勇，亦即小勇。小勇未能安其一己，更何能「以安天下」？

通常勇者，每局限於一己。所謂「夫撫劍疾視曰：彼惡敢當我哉？」便是勇者局限於一己之相。而破此局限，則兼仁智。勇兼仁智，則此勇便即如孟子之所稱：

「民惟恐王之不好勇也。」

七

孟子見齊宣王曰：「所謂故國者，非謂有喬木之謂也，有世臣之謂也。王無親臣矣，昔者所進，今日不知其亡也。」

王曰：「吾何以識其不才而捨之？」

曰：「國君進賢，如不得已，將使卑踰尊，疏踰戚，可不慎與？左右皆曰賢，未可也。諸大夫皆曰賢，未可也。國人皆曰賢，然後察之；見賢焉，然後用之。左右皆曰不可，勿聽。諸大夫皆曰不可，勿聽。國人皆曰不可，然後察之；見不可焉，然後去之。左右皆曰可殺，勿聽。諸大夫皆曰可殺，勿聽。國人皆曰

可殺，然後察之；見可殺焉，然後殺之。故曰：國人殺之也。如此，然後可以為民父母。」

如此以「識其不才而捨之」，那是先求一己內心之均衡，並先求一己內心之步步推擴。在這裏，正所謂「推擴得開，則天地變化草木蕃。推擴不開，則天地閉，賢人隱」。而賢人一隱，則「昔者所進，今日不知其亡」，即無怪乎「王無親臣」。連親信之臣亦無，則更難言乎世臣。如此則「國無仁賢，其國空虛」，而為政者之生命亦必僵化。且因生命之僵化，遂更有其性情之乖張。因性情之乖張，遂更有其心情之暴戾，從而眾叛親離，亦從而離親叛眾，必至敗亡而後已。在這裏，安排不了一己的心情，即安排不了一己的左右；安排不了一己的左右，即安排不了家人與國人，而安排不了家人與國人，即造成了一己絕對的孤獨，而成為獨夫。一成獨夫，即以其左右為敵對，並以其左右之左右為敵對，遂必致以一切為敵對而後已。由此而厭其一切，厭其一世之人，並厭其國人，厭其家人，終至厭其一己，這實是不仁之至。此則必以毀滅而後快，並以權詐為絕對，以鬥爭為絕對，以利害為絕對，自必至於嗜殺而後已。

因此之故，親臣亡，則賢人隱；賢人隱，則天地閉；天地閉，則殺機起；殺機起，則敵對生；敵對生，則家國破。其感應之機至靈，而其扭轉之道亦至捷。所謂「至捷」，即是由不仁歸於仁，亦即是由內心之未能安排，而歸於內心之均衡，並求內心之步步推擴。

天地之所以變化，那是因爲由私到了公。草木之所以蕃昌，那是因爲由暗到了明。到這裏，推擴得開，即安排得了。安排得了此心，即安排得了左右；安排得了左右，即安排得了世人；從而民安國泰，天清地寧，盡是仁賢，莫非故舊。

在這裏，一方面是克己，使其一己能獲其客觀化；一方面是復禮，讓用人行政，有其理性的準繩，而使政治成爲理性的政治。當國君進賢將使卑踰尊和疏踰親時，則更須有其客觀精神之表現。而欲此客觀精神之充分表現，自應有其必須遵循之客觀制度。於此而相應其一己內心之均衡，與夫內心之步步推擴，則越過自己，便到了左右；越過左右，便到了諸大夫；越過諸大夫，便到了國人；而越過國人，又回歸到一己。這再度回歸到一己，便是全歸到理性。由此而使客觀精神之表現層次井然。亦由此而使客觀精神之表現步步落實。故當全歸到理性時，理性更有其莊嚴相，本此以進賢，則用乃國人用之。本此以去不肯，則去乃國人去之。本此以殺可殺，則殺乃國人殺之。於此，光明之至，亦復簡單之至，全不會有一點陰暗，全不會有一點夾雜。故曰：

「如此，然後可以爲民父母。」

八

齊宣王問曰：「湯放桀，武王伐紂，有諸？」
孟子對曰：「於傳有之。」
曰：「臣弒其君可乎？」
曰：「賊仁者謂之賊，賊義者謂之殘。殘賊之人，謂之一夫。聞誅一夫紂矣，未聞弒君也。」

人類客觀精神之表現，必須有客觀制度之建立；而客觀制度之建立，則必須有客觀標準之形成。

但所有客觀標準之形成，終須訴諸於人類之本身。而欲訴諸於人類之本身，則必須接觸到人類的本性。說國人皆曰可殺便即殺之，那是僅僅訴諸於人類本身數量上之多數原理。必須「國人皆曰可殺，然後察之，見可殺焉，然後殺之」，方是訴諸人類本身之理性上的最後原理。而這一人類本身之理性上的最後原理，就是人的本性。人皆好仁惡不仁，於此便不能不說仁是人的本性。人皆好義惡不義，於此便不能不說義是人的本性。為政者必不應拂人之性，這便是一大客觀之標準。

爲政賊仁，必不符此一大客觀標準，故謂之賊。賊乃以人的本性所無者爲其所有。爲政賊義，亦必不符此一大客觀標準，故謂之殘。殘爲以人的本性所具者竟不之具。

一個人不具人的本性，並以人的本性所無者爲其所有，這只是一個所謂「人」的人，即所謂「一夫」。在人類的歷史上，每每有「一夫」成爲政治的首腦，以致成爲「政治的神話」，造成歷史的悲劇。要如何扭轉此歷史的悲劇，去除此政治的神話，以使政治的首腦，不致成爲一夫，此實人類一大歷史的課題。於此孟子所能言者，只是讓仁義形成政治經濟與人生之歸宿，而斷然主張誅此「一夫」，並在觀念上，不認殘賊之人爲首腦，即所謂：

「聞誅一夫紂矣，未聞弒君也。」

惟當一夫誅了，一夫又來時，又將如何？在觀念上，不認殘賊之人爲首腦；而在現實上，首腦又易爲殘賊之人。於此之際，如何而後能使此一夫不出，以救蒼生？此則於表現客觀精神，樹立客觀制度，形成客觀標準之外，仍須「必有事焉」，否則，人道終將因「一夫」而窮，不可不察。

九

齊人伐燕，勝之。宣王問曰：「或謂寡人勿取，或謂寡人取之。以萬乘之國伐萬乘之國，五旬而舉之，人力不至於此。不取，必有天殃。取之何如？」

孟子對曰：「取之而燕民悅，則取之。古之人有行之者，武王是也。取之而燕民不悅，則勿取，古之人有行之者，文王是也。以萬乘之國伐萬乘之國，簞食壺漿，以迎王師，豈有他哉？避水火也。如水益深，如火益熱，亦運而已矣。」

此只是從原則上說，讓取與不取，全訴之於齊宣王之本心。其實當齊宣王發問時，即已動取之之心，孟子雖警之以「如水益深，如火益熱，亦運而以矣」，終於無濟。

所謂「取之而燕民悅」，這實在是一件至難之事。武王之「取之而民悅」，實因文王先之以勿取。此之謂「如有王者，必世而後仁」，惟仁而後民悅。現狀之變革，其在國家政治上，自為人們之思易其暴。只不過國家政治現狀之變革，總常常是以暴易暴。而人們於此，遂益思變革。且變革之機一發，每至直下而不可收拾。其結果所至，可因人心思治，招致小康，亦可因不斷變革，招致極暴。極暴之來，即削平一切，如此亦可「定於一」，但一切歸於死寂，已不復有生人之氣。此則為大悲劇之所以形成。武王伐殷，伯夷叔齊叩馬而諫，乃所以止後世無窮之殺伐，實益可見仁者之心。故在國家政治上言變革，不悅人心，固屬不可，即悅人心，亦絕對須謹防狐媚之患。老氏言取天下，人每謂其有殺機。若取人之國，以變革其現狀，而使其民悅，則更伏殺機。

十

鄒與魯鬨，穆公問曰：「吾有司死者三十三人，而民莫之死也。誅之，則不可勝誅，不誅，則疾視其長上之死而不救。如之何則可也？」

孟子對曰：「凶年饑歲，君之民，老弱轉乎溝壑，壯者散而之四方者，幾千人矣。而君之倉廩實，府庫充，有司莫以告。是上慢而殘下也。曾子曰：『戒之戒之！出乎爾者，反乎爾者也。』夫民今而後得反之也。君無尤焉？君行仁政，斯民親其上、死其長矣。」

這有司正是所謂政治的中間階層，總常常是一失其督責，即「上慢而殘下」，並挾下以要脅乎上，又挾上以對下壓搾，而遂其一己之私。大凡王不成、霸不就者，要皆爲對此中間階層之失其督責。王者保民而王，其最須著眼者是使民自保，俾其有力有權，而免於有司之從中作威作福。霸者一條鞭下來，權力集中，民雖不能自保，惟有司亦不能作其威福。以此之故，能行仁政，固儘足以使「民親其上、死其長」；即屬霸者，亦不致有其民「疾視其長上之死而不救」。若穆公者，正所謂王不成、霸不就，其不責有司而責民，實不足以行仁政。

十一

滕文公問曰：「滕，小國也，間於齊楚。事齊乎？事楚乎？」孟子對曰：「是謀非吾所能及也。無已，則有一焉。鑿斯池也，築斯城也，與民守之，效死而民弗去，則是可為也。」

滕文公問曰：「齊人將築薛，吾甚恐，如之何則可？」孟子對曰：「昔者大王居邠，狄人侵之。去之岐山之下居焉。非擇而取之，不得已也。苟為善，後世子孫必有王者矣。君子創業垂統，為可繼也。若夫成功，則天也。君如彼何哉？

彊為善而已矣。」

這是「以常處變」。只有「盡其在我」是常道，只有「彊爲善」是常道，只有求其「可繼」是常道。

在兩大之間，在危難之際，只有自己站起來，才是辦法，依附那一方面，都是自取滅亡。於此而盡其在我，一本常道，方有可爲。故曰：

「鑿斯池也，築斯城也，與民守之，效死而民弗去，則是可爲也。」

但若終不可爲時，又將如何？實則所謂「終不可爲」之時，仍儘有其可爲之道，而且這可爲之道，更應屬於常道。以變不能處變，只有以常才能處變，並只有以眞常才能處非常之變。當敵人已在其國之邊境，構築作戰工事之際，非常之變，自即到來，但只是恐懼，更非辦法。於此，先定下一己的心，這就是常道。於萬不得已時，一切聽之於天，這就是常道。由此而置一切之利害得失與夫成敗死生於度外，大其心以容物，安其心以待來者，而只顧一己之爲善，這就是常道。更由此而超越現實，超越一己，以國家民族之生命爲生命，以歷史文化之生命爲生命，而只求其可繼，求其可久，並求其可大，這就是常道。處非常之變，實不能不一本此眞正之常道。故曰：

「君子創業垂統，爲可繼也。若夫成功，則天也。君如彼何哉？彊爲善而已矣。」眞正的常道是仁道，眞正的常道是義道。常道是不變之道，仁義是不變之道。而此「彊爲善而已矣」，就是此不變的仁義的常道。

十二

樂正子見孟子曰：「克告於君，君為來見也。嬖人有臧倉者沮君，君是以不果來也。」

曰：「行或使之，止或尼之。行止，非人所能也。吾之不遇魯侯，天也。臧氏之子焉能使予不遇哉？」

人事總是變化不測的，人情總是萬變的，若僅僅在這上面著眼，便儘有其不可捉摸之嘆。君子於此，若知之，若不知之，終於任之、聽之、安之，這實是知禮、知命、知言之一要著。這亦只能從常道上去體認，這更不能從變道上去體察。因若只從變道上去體察，則即使體察得了，體察得清清楚楚，那也儘會是「察見淵中魚」，那也儘會是「不祥」之事。

在此等人情事變上，惟仁者方能把一切看得「簡單之至」，惟義者方能把一切看得「理所當然」。只因把一切看得理所當然，所以便覺得那是在骨子裏，「非人所能爲」。只因把一切看得是簡單之至，所以便覺得那是在冥冥中，有上天作主。於此孟子說：

「吾之不遇魯侯，天也。臧氏之子焉能使予不遇哉？」

似此之言，那實在是仁義之言。

第三講　養氣之理：個人與國家民族氣概之產生（一）——

公孫丑章　上

一

公孫丑問曰：「夫子當路於齊，管仲晏子之功，可復許乎？」

孟子曰：「子誠齊人也，知管仲晏子而已矣。或問乎曾西曰：『吾子與子路孰賢？』曾西蹴然曰：『吾先子之所畏也。』曰：『然則吾子與管仲孰賢？』曾西艴然不悅曰：『爾何曾比予於管仲？管仲得君，如彼其專也。行乎國政，如此其久也。功烈，如彼其卑也。爾何曾比予於是？』」「管仲，曾西之所不為也，而子為我願之乎？」

曰：「管仲以其君霸，晏子以其君顯，管仲晏子猶不足為與？」

曰：「以齊王，由反手也。」

曰：「若是，則弟子之惑滋甚。且以文王之德，百年而後崩，猶未洽於天下，武王、周公繼之，然後大行。今言王若易然，則文王不足法與？」

曰：「文王何可當也？由湯至於武丁，賢聖之君六七作，天下歸殷久矣，久則難變也。武丁朝諸侯有天下，猶運之掌也。紂之去武丁未久也。其故家遺俗，流風善政，猶有存者，又有微子、微仲、王子比干、箕子、膠鬲皆賢人也，相與輔相之，故久而後失之也。尺地莫非其有也，一民莫非其臣也，然而文王猶方百里起，是以難也。齊人有言曰：『雖有智慧，不如乘勢；雖有鎡基，不如待時』，今時則易然也。夏后、殷、周之盛，地未有過千里者也，而齊有其地矣。雞鳴狗吠相聞，而達乎四境，而齊有其民矣。地不改辟矣，民不改聚矣，行仁政而王，莫之能禦也。且王者之不作，未有疏於此時者也。民之憔悴於虐政，未有甚於此時者也。飢者易為食，渴者易於飲。孔子曰：『德之流行，速於置郵而傳命。』當今之時，萬乘之國行仁政，民之悅之，猶解倒懸也。故事半古之人，功必倍之，惟此時為然。」

在此，我人實可見孔孟立教之規模，亦可見我國以前立國之規模。孔子許管仲以仁，但終於也說道：「管仲之器小哉。」所謂器小，自亦是從規模上說。

從規模上說，不論立教與立國，皆須特顯其一種無可比擬的大氣概。於此，文王、周公、孔子表現了我國家民族無可比擬的大氣概，而孟子亦表現了他個人無可比擬的大氣概。

說到此等無可比擬的大氣概，那總是「無待」的：立國則不待土地之大，人民之眾，而自有其可大可久之道。立教則「豪傑之士，雖無文王猶興」，而自有「天生德於予」之理，和「當今天下，捨我其誰？」之義。以此而視管仲與晏子，自覺其所待實多，而所以自在者實有所未充，有所未足。

其所以能無待，那是因為有了德。只有道德是無所待的。因其無待，所以「無對」；因其無對，所以在立教上，便屬「無比」，而在立國上，則必「無敵」。仁者無憂，王者無敵。此無憂之仁，即無比之教。此無敵之王，即「以中國為一人，以天下為一家」之國。由此而性情顯發，由此而生命安頓，而天地之心，亦於焉以立，並於焉成就了立教與立國之中心。

本此立教之規模，以從事文教，與夫歷史文化上之諸多設施，及倫理心理與性情上之諸多指點，並本此立國之規模，以從事農墾，與夫農田水利上之諸多建設，及國計民生與日用上之諸多規劃，自強不息，日新又新，從而更以文教為外交，以農墾為國防，這便是我們的文武、周公、孔子之道，亦即內聖外王之道。孟子本此道以衡量管仲與晏子之事功，自覺其微不足道。

惟管仲以其君霸，晏子以其君顯，其在時代與歷史之意義與價值，自亦甚多自大。此則須以處變上之觀點予以評估。孔子以「微管仲，吾其披髮左衽矣」而說管仲為「如其仁，如其仁」，這便是從處變上說。從處變上說，自不能不以事功為首出，而且在此之際，亦只應論功烈。至其未能以真正之常道處變道，那是另一回事。於此，道不同，仍可相謀，並可相許。洪水之來，王者以其安常之道，可導其歸於河海，而霸者以其處變之術，亦可使其免於橫決。於此本其一己無可比擬之氣概，以鄙霸者而不為，固無不可。然在時代之扭轉與歷史之推動上，究仍須留有霸者之地位。

至管仲與晏子在「事半古之人，功必倍之」之際，何以不能以齊王？何以只能「以其君霸」和「以其君顯」為已足？在此等處，有人事，亦儘有天命。惟仁者於此立言，則不能僅歸之於天命。其間曲折，實使歷史與時代之評判，成為至難。此必如其人，如其時代，並如其所形成之一段歷史以論之，始足以致其曲。而於此曲能有誠之處，否定而毀之，固足以見智，但肯定而許之，尤足以見仁。

二

公孫丑問曰：「夫子加齊之卿相，得行道焉，雖由此霸王不異矣，如此，則動心否乎？」

孟子曰：「否！我四十不動心。」

曰：「若是，則夫子過孟賁遠矣。」

曰：「是不難，告子先我不動心。」

曰：「不動心有道乎？」

曰：「有。北宮黝之養勇也，不膚撓，不目逃，思以一毫挫於人，若撻之於市朝。不受於褐寬博，亦不受於萬乘之君。視刺萬乘之君，若刺褐夫。無嚴諸侯，惡聲至，必反之。孟施舍之所養勇也，曰：『視不勝猶勝也。量敵而後進，慮勝而後會，是畏三軍者也。舍豈能為必勝哉？能無懼而已矣。』孟施舍似曾子，北宮黝似子夏。夫二子之勇，未知其孰賢，然而孟施舍守約也。昔者曾子謂子襄曰：『子好勇乎？吾嘗聞大勇於夫子矣。自反而不縮，雖褐寬博，吾不惴焉，自反而縮，雖千萬人，吾往矣。』孟施舍之守氣，又不如曾子之守約也。」

曰：「敢問夫子之不動心，與告子之不動心，可得聞與？」

「告子曰：『不得於言，勿求於心；不得於心，勿求於氣。』不得於心，勿求於氣，可。不得於言，勿求於心，不可。夫志，氣之帥也。氣，體之充也。夫志至焉，氣次焉，故曰『持其志，無暴其氣。』」

「既曰『志至焉，氣次焉』；又曰『持其志，無暴其氣者』，何也？」

曰：「志壹則動氣，氣壹則動志也。今夫蹶者趨者，是氣也。而反動其心。」

「敢問夫子惡乎長？」

曰：「我知言，我善養吾浩然之氣。」

「敢問何謂浩然之氣？」

曰：「難言也。其為氣也，至大至剛，以直養而無害，則塞於天地之間。其為氣也，配義與道，無是，餒也。是集義所生者，非義襲而取之也。行有不慊於心，則餒矣。我故曰：告子未嘗知義，以其外之也。必有事焉而勿正，心勿忘，勿助長也。無若宋人然：宋人有閔其苗之不長而揠之者，芒芒然歸，謂其人曰：『今日病矣，子助苗長矣。』其子趨而往視之，苗則槁矣。天下之不助苗長者寡矣。以為無益而捨之者，不耘苗者也。助之長者，揠苗者也。非徒無益，而又害之。」

「何謂知言？」

曰：「詖辭知其所蔽，淫辭知其所陷，邪辭知其所離，遁辭知其所窮。生於其心，害於其政；發於其政，害於其事。聖人復起，必從吾言矣。」

「宰我、子貢善為說辭；冉牛、閔子、顏淵善言德行。孔子兼之，曰：『我於辭命則不能也。』然則夫子既聖矣乎？」

曰：「惡，是何言也？昔者子貢問於孔子曰：『夫子聖矣乎？』孔子曰：『聖則吾不能，我學不厭而教不倦也。』子貢曰：『學不厭，智也。教不倦，仁也。仁且智，夫子既聖矣。』夫聖，孔子不居。是何言也？」

「昔者竊聞之：子夏、子游、子張皆有聖人之一體。冉牛、閔子、顏淵則具體而微。敢問所安？」

曰：「姑舍是。」

曰：「伯夷、伊尹何如？」

曰：「不同道。非其君不事，非其民不使，治則進，亂則退，伯夷也。何事非君？何使非民？治亦進，亂亦進，伊尹也。可以仕則仕，可以止則止，可以久則久，可以速則速，孔子也。皆古聖人也。吾未能有行焉。乃所願，則學孔子也。」

「伯夷、伊尹於孔子，若是班乎？」

曰：「否！自有生民以來，未有孔子也。」

曰：「然則有同與？」

曰：「有。得百里之地而君之，皆能以朝諸侯有天下。行一不義，殺一不辜而得天下，皆不為也。是則同。」

曰：「敢問其所以異。」

曰：「宰我、子貢、有若智足以知聖人，汙，不至阿其所好。宰我曰：『以予觀於夫子，賢於堯舜遠矣。』子貢曰：『見其禮而知其政，聞其樂而知其德，由百世之後，等百世之王，莫之能違也。自生民以來，未有夫子也。』有若曰：『豈惟民哉？麒麟之於走獸，鳳凰之於飛鳥，太山之於邱垤，河海之於行潦，

類也。聖人之於民，亦類也。出於其類，拔乎其萃，自生民以來，未有盛於孔子也。』」

在以上一段很長的對話中，由於公孫丑的善問，便讓孟子於言談之下，描劃出了一個氣概的世界來。這一氣概的世界之起點，是不動心；這一氣概的世界之終點，也是不動心。而在這以不動心爲起點、又以不動心爲終點之世界中，顯出了無限的莊嚴，亦現出了無窮的層次。於此由北宮黝說到孟施舍，由孟施舍說到曾子。隨後孟子更把告子和他本人一起說，作了一個大大的對照，順帶說出了他自己在氣概上所用的知言養氣的下手功夫。又旁及於宰我、子貢、冉伯牛、閔子騫、顏淵，與夫子夏、子游、子張。終由伯夷、伊尹說到孔子，並述其一己之所願，乃學孔子，以使其所描劃之一個莊嚴的氣概世界，又不僅僅是一個莊嚴的氣概世界，而確切地獲得了一個最後的歸宿，並接觸到了一個最高的境界。

孟子說他自己「四十不動心」；又說「是不難，告子先我不動心」。於此，實很容易令人想起孔子「四十而不惑」之言。

「不惑」則自然不動心，但「不動心」是否就可以眞正到不惑之境而不惑呢？

「惑」若用佛經的話來詮釋，會相當於「無明」。而莊子所言「人之生固若是芒乎？」

之芒，會又相當於惑。不惑則「清明在躬」。清明在躬，則無明滅。照十二因緣的說法是：「無明緣行，行緣識，識緣名色，名色由六入，六入緣觸，觸緣受，受緣愛，愛緣取，取緣有，有緣生，生緣死，死緣憂悲苦惱」。此爲十二緣生起。至於十二緣還滅，則爲：

「無明滅則行滅，行滅則識滅，識滅則名色滅，名色滅則六入滅，六入滅則觸滅，觸滅則受滅，受滅則愛滅，愛滅則取滅，取滅則有滅，有滅則生滅，生滅則死滅，死滅則憂悲苦惱滅。」

大小乘皆以迷眞爲無明，而大乘更以迷根本爲無明。免於迷眞，有賴於眞之顯；免於迷根本，有賴於根本之悟，故破無明，終賴於明。而「不惑」之明，則是「清明在躬」，這不僅僅是「顯」，亦不僅僅是「悟」。這與「不動心」之明，可以爲一，亦可以爲二。故不動心可以到不惑之境，亦可以不是眞正的不惑，而只是一顯之不惑，或一悟之不惑。

就此而論，孔子的「四十而不惑」，那分明是從心體上說，那是一理之流行。孟子的「四十不動心」，那分明是從氣概上說，那是一氣之流行。而告子之不動心，則是從認識之知上說，那是智光之一顯一悟，從而予以把持之。

單從不動心上說，孔子的「十五而志於學」，也就是不動心，因這已是持其志，而向於學，儘有其一理之流行了。說到孔子的「三十而立」，則更是不動心，因這已是卓然有以立，絕不動搖，正所謂「堂堂巍巍，壁立千仞，心地自爾和平」，是誰也「觸之不動」，益有其一理之流行了。而一到「四十而不惑」，則是一理流行之極致。過此以往，到「五十而知天命」，那便是一善之流行。到「六十而耳順」，則又兼一化之流行。而一到「七十而從心所欲不逾矩」，便簡直是一大心體之流行，全歸於仁，全歸於化，全歸於天地之大德，並即為天地。至此，無不動相，亦無動相，故當說「仲尼，天地也」之際，即不能以氣概言，然於此，亦儘有其一氣之流行。

以此而言孟子之不動心，其一氣之流行，自亦為本其一理之流行。其所謂「乃所願，則學孔子也」。正是他的「志於學」。其所謂「其為氣也，至大至剛，以直養而無害，則塞於天地之間」，正是他的「立」。其所謂「詖辭知其所蔽，淫辭知其所陷，邪辭知其所離，遁辭知其所窮，生於其心，害於其政，發於其政，害於其事，聖人復起，必從吾言矣」，正是他的「不惑」。他的這種不惑，是扣緊心體，所以他便批評告子的「不得於言，勿求於心」，說是「不可」。他在這裏所下的絕大功夫是「持其志」。這使他「願學孔子」的「志於學」，便極顯其生命之正。這使他的「善養浩然之氣」的「立」，便極顯其生命之強。這使他的「知言」的「不惑」，便極顯其生命之純。在極顯其生命之純上，他所守至約，他力持其志，他直達本心。就因此，他便批評告子的「不得於心，勿求於氣」，說是「可」。他承認「志」是氣之帥，而這「志」正是一理性的原則，正是一理之流行。因此之故，他任其一氣之流行，正爲本其一理之流行。他說「氣、體之充也」，又說「氣壹則動志」。他爲持其志，所以要「無暴其氣」。這正是要以理化氣，以擴充其理性的原則，以求其一理之流行。於此，就「持其志無暴其氣」上說，持志是一個把柄。就「我知言，我善養吾浩然之氣」上說，知言是一個把柄。朱子在這裏，也說「知言是一個把柄」，這是因爲「知言」是「持志」上的事。《論語》載：「不知言，無以知人也。」實則，不知言，亦無以知己。蓋「修辭立其誠」，知言正所以盡其心，充其理，而以理生氣。所謂「是集義所生者，非義襲而取之也」，那正是集理所生，而非虛懸一理以鼓起其氣。所謂「配義與道，無是，餒也」。那正是讓一氣之流行中，有其一理之流行。而無此一理之流行，則此一氣之流行，亦復消沉停頓。所謂「以直養而無害」，那也正是以理養而無害，而以知言爲把柄，作爲持志之事，以直接本其一理之流行。告子的「不得於言，勿求於心」，那是以知言爲外在之事，而非持志之事，因而以集義爲「義襲而取之」之事。若果如此，則集義所生之氣，爲何會「行有不慊於心，則餒矣」？就因爲這樣，孟子便說道：

「我故曰：告子未嘗知義，以其外之也。」

接著孟子更說道：

「必有事焉而勿正，心勿忘，勿助長也。」

這便是把知言作爲持志必有之事。在這裏，不可預期其知言之效，亦不可心忘其一理之流行，及有所增益於其一理之流行，而只是一本其一理之流行。惟一本其一理之流行，始能眞正有其一氣之流行，以塞於天地之間，以成其浩然之氣，以免於以義爲外，而獲其眞正不動之心。似此眞正不動之心，便是孟子的不動心。本此以言，孟子的四十不動心，實已接近孔子的「四十而不惑」之境，那是相當於「不惑」。惟不惑始能有其眞正知言之效。故當公孫丑再問「何謂知言」時，孟子即以其所獲知之效以答之，並自以爲「聖人復起，必從吾言」。此則使公孫丑於驚嘆之餘，覺此知言之效，可以直達聖人之域，故曰：

「然則夫子既聖矣乎？」

實則聖人之域，並不在此知言之效。孔子自言「我於辭命，則不能也」，而其所以成聖之果，卻在其不厭不倦之處。以此之故，孔子於不惑之後，大有事在。孟子於不動心之後，亦有大事在。

說到告子的不動心，則是於「不得於言，勿求於心」處，只求其一「顯」；於「不得於心，勿求於氣」上，只求其一「悟」。其所獲之「不惑」之明，會只是「孤明」。其「不得於言，勿求於心」，只是在認識上之不斷突破，但終於只落到認識之心智上。其「不得於心，勿求於氣」，只是對外界事物之不斷隔絕，但終於反落到光景之把持中。於此，告子的不動心，沒有本末之一貫，亦失掉了內外之交養。在他那不動心裏，沒有其一理之流行，所以接觸不到一個理性的世界。在他那不動心裏，沒有其一氣之流行，所以也不能納入於一個氣概的世界。在他那不動心裏，會儘有其不惑之一顯，所以在他那世界裏，亦儘有其透澈處，但不結實。在他那不動心裏會儘有其不惑之一悟，所以在他那世界裏，亦儘有其明淨處，但不莊嚴。他亦知言，但他的知言，不是作爲「持其志」之事，因此，他不會有其眞正知言之效。他亦養氣，但他的養氣，不是配義與道和集義所生，因此，他不會有其眞正氣概之來。他的不動心，不是眞正的不惑。他的不動心，正是所謂「捨離以爲道」。他固可以先孟子不動心，但他的不動心，不是和孟子的不動心，同在一個層次上。他的不動心，是簡截得多，所以也容易得多。但此簡截，亦終不是所守之約，所以也終不能直達本心，以直顯其性情，直見其生命，而有其「至大至剛，以直養而無害」之處。

反之，北宮黝之「無嚴諸侯，惡聲至，必反之」，卻儘可以納入於一氣概之世界中，惟此所謂之氣概世界，卻只是單純之勇士氣概世界，而不會是不惑之氣概世界；這只是一個氣概世界之起點，這只是不動心的一個最初層次。

說到孟施舍之「能無懼而已矣」，其守住一個氣，自更可進入一個氣概世界。因其所守較約，所以更不易於墜入無明之境，其在不動心之層次上自亦不同。

於此，「北宮黝似子夏」，但自不如子夏。子夏嘗以喪子而喪其明，這較之「不膚撓，不目逃」，自會顯其另一副性情，見其另一副生命。

於此，「孟施舍似曾子」，但自不如曾子。曾子之「自反而縮，雖千萬人吾往矣」，那是一本於義，一本於理，其所守之約，已直達於一個理性世界。他由此而見其生命，顯其性情，以成其氣概，則在氣概世界中，地位自亦特別。而在不動心之層次上，當亦特殊。

宰我與子貢之「善爲說辭」，自屬於知言。然其知言，不僅知人，亦復知聖。子貢曰：「學不厭智也，教不倦仁也，仁且智，夫子既聖矣。」這是親切而透澈地知道聖人。這自然會由一個氣概世界，關聯到一個理性世界，而儘有其不動心之不惑處。

子游、子張與子夏，雖被歸於一起，說是「皆有聖人之一體」，但「堂堂乎張也」，子張是由氣概世界通到理性世界，惟總有其未純處。而子游以文學稱，雖與子夏爲近，然在氣概之世界中，與子夏不同，與子張更屬有異。

說到冉伯牛、閔子騫和顏子，那是所謂「具體而微」，其不動心處，自都可以直從心體上說，而能有其一理之流行。若顏子之「和風慶雲」，在氣概世界中，實可居於至純之境。其「三月不違仁」，自更到達其不動心之特殊層次，那可以說是不惑之不動心。以此之故，就更會是屬於理性世界中人。

伯夷、伊尹與孔子，同是「行一不義，殺一不辜，而得天下皆不爲也」，是皆不以天下動其心。其「不動心」，自皆已到了頂點，而同居於最高之層次。故曰：「皆古聖人也。」然孔子則於不以天下動其心之餘，更「見其禮而知其政，聞其樂而知其德」。其「賢於堯舜」，實是「出於其類，拔乎其萃」，那是不動心的極則。他使整個莊嚴的氣概世界，到他那裏，一下子歸於平平。那是孟子之所學，那亦是孟子之所安。

我另有一文，題目是〈孟子的氣概〉，有很多地方，可以補充以上的說法。

三

孟子曰：「以力假仁者霸，霸必有大國。以德行仁者王，王不待大。湯以七十里，文王以百里。以力服人者，非心服也，力不贍也。以德服人者，中心悅而誠服也。如七十子之服孔子也。《詩》云：『自西自東，自南自北，無思不服。』此之謂也。」

能以力假仁，總還是對仁有所嚮往、有所推崇、有所肯定。而其所以能對仁有所嚮往、推崇與肯定，則是因我國歷史文化，一開始即力求生命之安頓，以德行仁，而有其性情之顯發，以形成其歷史之大勢。在此大勢下，爲霸者不得不如此，且必如此，方足言霸。王不待大，乃因仁者無對，而能實據此大勢，以爲己有。而霸者僅能假借此大勢爲口實，須以力服其對象，故必有大國。在此一大勢下，雖無時不有其歷史之逆流，然五百年必有王者興，其勢亦終不可逆。此因以德服人，乃中心悅而誠服，若七十子之服孔子，儘可形成一大潛流，自西至東，自南至北，無思不服，故無人能逆。此誠我國歷史之特點，而與任何國家民族之歷史相較，皆有所不同。其不同處所最易見出者，厥爲由以德行仁，使中心悅而誠服，所自然顯出之一「大國」民族氣概。且即憑此一大國民族氣概，亦儘可使國家歸於永恆，民族歸於永恆；而日新富有，可久可大，非人所能及。

四

孟子曰：「人皆有不忍人之心。先王有不忍人之心，斯有不忍人之政矣。以不忍人之心，行不忍人之政，治天下可運之掌上。所以謂人皆有不忍人之心者，

今人乍見孺子將入於井，皆有怵惕惻隱之心，非所以內交於孺子之父母也，非所以要譽於鄉黨朋友也，非惡其聲而然也。由是觀之，無惻隱之心，非人也。無羞惡之心，非人也。無辭讓之心，非人也。無是非之心，非人也。惻隱之心，仁之端也。羞惡之心，義之端也。辭讓之心，禮之端也。是非之心，智之端也。人之有是四端也，猶其有四體也。有是四端而自謂不能者，自賊者也。謂其君不能者，賊其君者也。凡有四端於我者，知皆擴而充之矣，若火之始然，泉之始達。苟能充之，足以保四海，苟不充之，不足以事父母。」

於此，我人實可以看出孟子的大心靈和大智慧，亦可以看出我整個民族的大心靈和大智慧，而不能不致其無窮之讚嘆。這不忍人之心，就是道心。這道心一方面使肉身成道，一方面又使道成肉身。就肉身成道上說，那是「人皆可以爲堯舜」。就道成肉身上說，那是「以中國爲一人，以天下爲一家」。說「人皆有不忍人之心」，那便是「目擊而道存」。不是大心靈，會接觸不到；不是大智慧，會道將不來。而我國家民族之先王，能有此不忍人之心，行「斯有不忍人之政」，以成就其任何國家民族所沒有的全副理性的政治，而讓「治天下可運之掌上」，則正完全反映了我整個民族的大心靈，並完全表現出我整個民族的大智慧。

同時，孟子本人以及我整個國家民族的大氣概，亦正植基於此大心靈和大智慧之上，以生以長，而可與天地同其久長。這是孟子個人性情上一個絕大無比的肯定，這也是我國家民族精神上一個絕大無比的肯定。只因此一肯定，便端正了歷史的大方向，並掌握了人類的真命運，以使其踏上美妙的途程，而有其真正的步伐。

見道之言，總會是性情的語言；而性情的語言，亦總會是智慧的語言。說「人皆有不忍人之心」，那是由於忍心便即害理，害理便即不安。這害理與不害理，就只能訴諸智慧。這安與不安，就只能訴諸性情。於此，大智慧就是大性情，大性情就是大生命，大生命就是大道理。

而大道理則當下就是。所謂：

「今人乍見孺子將入於井，皆有怵惕惻隱之心。」

這是不會含有任何條件的。既不會含有任何條件，那就會是絕對的；既是絕對的，那就會是大道理。

大道理總是見於頂端的。「惻隱之心，仁之端也」，這仁就是大生命亦即大性情。在大生命和大性情之端，會自然流露出大道理，因而也自然會有惻隱之心。

有惻隱之心，接著便會有是非之心；有是非之心，接著便會有羞惡之心；有羞惡之心，接著便會有辭讓之心。乍見孺子入井，先是此心惻然。接著便即以救爲是，以坐視不救爲非。接著更以救之不力爲羞。更接著於救之之後，亦不覺有任何功德之可說，辭謝一切，反覺安然。凡此，都是一起下來的！這是一氣之流行，這也是一理之流行，這又是一善之流行。這只是此心所過之化，初無跡象可尋。這是仁統智，又統義，統禮，有其清明，有其貞固，又有其莊嚴。所謂「有是四端」，究爲一體。由此覿體承當，便是大道理。否則便如孟子所說：

「有是四端，而自謂不能者，自賊者也。謂其君不能者，賊其君者也。」

人不可自賊，更不可讓其國家民族陷於自賊之境。因此之故，在此大道理下，便自會有其大使命。

這大使命，便是大擴充。由四端的大擴充，到一體的大擴充；由一體的大擴充，到生命的大擴充。由此以見性情，亦由此以保四海，並由此以產生其國家民族與個人所應有之大氣概，而思「足以事父母」。

五

孟子曰：「子路，人告之以有過則喜。禹聞善言則拜。大舜有大焉，善與人同，捨己從人，樂取於人以為善，自耕稼陶漁，以至為帝，無非取於人者。取諸人以為善，是與人為善者也。故君子莫大乎與人為善。」

總要氣概裏見生命，生命裏見性情，而性情裏又復轉輾生氣概，這方能有其一個人的、以至一個國家民族的大氣概。

有不懼的氣概，有不惑的氣概，有不憂的氣概。子路「人告之以有過則喜」，這是不懼的氣概，並在這不懼的氣概裏洞見生命。而因其「聞過則喜」，故又儘有其不惑的規模。

「禹聞善言則拜」，這是不惑的氣概，並在這不惑的氣概裏洞見性情。而因其「聞善言則拜」，故又儘有其不憂的氣象。

大舜「善與人同，捨己從人，樂取人以爲善」，這是不憂的氣概，並在這不憂的氣概裏，於洞見性情之餘，更讓性情裏轉輾生出氣概來。而因其「自耕稼陶漁，以至爲帝，無非取於人者」，故更成其大。此所謂「大」，是在其不憂裏，自然不惑，自然不懼，自然氣象萬千，自然規模無比。於此，儘有其一大生命的光輝，儘有其一大性情的實質。這光輝是美，這實質是善。惟「與人爲善」，始是盡善盡美。故曰：

「君子莫大乎與人爲善。」

在此「與人爲善」裏，我人可以見出大舜的大氣概，亦可以見出我國家民族的大氣概。

第四講　養氣之理：個人與國家民族氣概之產生（二）——

公孫丑章　下

一

孟子曰：「天時不如地利，地利不如人和。三里之城，七里之郭，環而攻之而不勝。夫環而攻之，必有得天時者矣；然而不勝者，是天時不如地利也。城非不高也，池非不深也，兵革非不堅利也，米粟非不多也，委而去之，是地利不如人和也。故曰：域民不以封疆之界，固國不以山谿之險，威天下不以兵革之利。得道者多助，失道者寡助。寡助之至，親戚畔之；多助之至，天下順之。以天下之所順，攻天下之所畔，故君子有不戰，戰必勝矣。」

何謂得道？合理就是得道。而合乎性情，就是合理。性情之際，雖至難言，然即使在戰陣之間，亦不能違之。必合乎性情之貞，始有其一氣之流行，一理之流行，與夫一善之流行。而有此一氣一理與一善之流行，始足以言人和，始足以言多助。天下之所畔，固不足以言天時，亦何可恃其地利？天下之所順，則「民之歸之，如水之就下」，其域民自不以封疆之界；而「明王有道，守在四夷」，其固國更不以山谿之險。於此，「君子有不戰」，戰則亦必有「戰爭的理性」。初則「觸之不動」，其堅如山橫嶽峙；繼則「所向無前」，其勢如雷霆萬鈞；終則克敵致果，其勝如行所無事。這一切皆儘有其戰爭的理性，運於其間。這與其說是戰爭的技術，實不如說是戰爭的藝術。這與其說是戰爭的藝術，實不如說是戰爭以上的事情。而這以上的事情，就是理性的政治，加上性情的教化。在這裏，會儘有其一個人在戰陣間的大氣概，亦會儘有其一個國家民族在戰陣間的大氣概。

二

孟子將朝王，王使人來曰：「寡人如就見者也。有寒疾，不可以風。朝將視

朝，不識可使寡人得見乎？」對曰：「不幸而有疾，不能造朝。」明日，出弔於東郭氏。公孫丑曰：「昔者辭以病，今日弔，或者不可乎？」曰：「昔者疾，今日癒，如之何不弔？」王使人問疾。醫來，孟仲子對曰：「昔者有王命，有采薪之憂，不能造朝，今病小癒，趨造於朝，我不識能至否乎？」使數人要於路，曰：「請必無歸，而造於朝。」不得已，而之景丑氏宿焉。景子曰：「內則父子，外則君臣，人之大倫也。父子主恩，君臣主敬。丑見王之敬子也，未見所以敬王也。」曰：「惡！是何言也？齊人無以仁義與王言者，豈以仁義為不美？其心曰：『是何足與言仁義』也云爾。則不敬莫大乎是。我非堯舜之道，不敢以陳於王前，故齊人莫如我敬王也。」景子曰：「否，非此之謂也。禮曰：『父召，無諾；君命召，不俟駕。』固將朝也，聞王命而遂不果，宜與夫禮若不相似然。」曰：「豈謂是與？曾子曰：『晉楚之富，不可及也。彼以其富，我以吾仁；彼以其爵，我以吾義，吾何慊哉？』夫豈不義而曾子言之？是或一道也。天下有達尊三：爵一，齒一，德一。朝廷莫如爵，鄉黨莫如齒，輔世長民莫如德。惡得有其一，以慢其二哉？故將大有為之君，必有所不召之臣。欲有謀焉，則就之。其尊德樂道，不如是不足與有為也。故湯之於伊尹，學焉而後臣之，故不勞

而王。桓公之於管仲，學焉而後臣之，故不勞而霸。今天下地醜德齊，莫能相尚，無他，好臣其所教，而不好臣其所受教。湯之於伊尹，桓公之於管仲，則不敢召。管仲且猶不可召，而況不為管仲者乎？」

若天下之達尊僅爲爵，則天下即純爲一勢利之天下，而政治高高在上，亦只能成爲一虛懸之政治。於此而能肯定鄉黨莫如齒，輔世長民莫如德，則即將其政治植基於農村與教化，而於農村中有其政治的血肉，於教化上有其政治的性情。因此天下之達尊三，爵一，齒一，德一，正所以構成一大國家政治的骨架，而立於禮。就此國家政治所賴以立之禮上言，爵齒與德，彼此之間，固無一可慢，所以說：

「惡得有其一，可慢其二哉？」

這其間，儘有其一大政治的理性的貫注，而作爲一大國家的精神的實體。因此之故，在爵齒與德，彼此之間，亦俱無所用其慊，故曰：

「彼以其富，我以吾仁；彼以其爵，我以吾義，吾何慊乎哉？」

這無所用其慊，乃所以見出一個人應有的大氣概，亦所以見出一個國家民族應有的大氣概。

爲政者如必欲以其一以慢其二，這會有損於其國家政治所賴以立之禮，亦即是自壞其政治的骨架，並失其政治的理性之貫注與其國家的精神的實體。而在沒有了農村的基礎與教化的基礎之際，不論爲政者之個人或其國家民族，皆不能無所用其慊，以致皆不能有其氣概之顯出。

「德」可以當下自足，「齒」係得之於天，實皆無所求於「爵」，且亦必須無求，始能使教化自行，農村自固，而成爲國家政治上之兩大骨格。大有爲之君於自鑒其爵之骨格外，必須肯定此兩大骨格。而欲肯定，即須尊崇；欲予尊崇，即須俯就。故以「齒」言，儘可以「麻鞋見天子」，而以「德」言，則儘可以「必有所不召之臣」。由此，「欲有謀焉」，則爵齒與德，彼此之間，俱無所用其慊，而各有其分際。至湯之於伊尹，桓公之於管仲，皆學焉而後臣之，則正所以彼此互顯其尊嚴，互見其氣概。此蓋因其「學焉」，乃爲天下而受教焉，爲國家而受教焉；其臣之，乃爲天下而屈之，爲國家而屈之。於此，各有其純，故「不勞而王」；各得其用，故「不勞而霸」。其好「臣其所教」，而不好「臣其所受教」，則正因其一己生命之萎縮，由此而有其性情上之乖張，亦由此而有其氣概上之虛矯，故只見其小。

三

陳臻問曰：「前日於齊，王餽兼金一百而不受。於宋，餽七十鎰而受。於薛，餽五十鎰而受。前日之不受是，則今日之受非也。今日之受是，則前日之不受非也。夫子必居一於此矣。」

孟子曰：「皆是也。當在宋也，予將有遠行。行者必以贐。辭曰：『餽贐。』予何為不受？當在薛也，予有戒心。辭曰：『聞戒。』故為兵餽之。予何為不受？若於齊，則未有處也。無處而餽之，是貨之也。焉有君子而可以貨取乎？」

一個人受人之餽，總是不得已。於極不得已而受之，則一方面可稍減此心之不安，而另一方面，亦可使餽者之一側合於濟急之義，不致有損於其對受餽者尊崇之心。如此，則兩方面之尊嚴，皆得不因此餽而有所影響，故「餽」必須有一名義，而爲之「辭」。餽者於此亦正可「修辭立其誠」。至於受餽者，則更須在一大的名義下，始能有其大的氣概，如被貨取，即一切談不上。

四

孟子之平陸，謂其大夫曰：「子之持戟之士，一日而三失伍，則去之否乎？」曰：「不待三。」

「然則子之失伍也亦多矣：凶年饑歲，子之民，老羸轉於溝壑，壯者散而之四方者，幾千人矣。」曰：「此非距心之所得為也。」

曰：「今有受人之牛羊而為之牧之者，則必為之求牧與芻矣。求牧與芻而不得，則反諸其人乎？抑亦立而視其死與？」曰：「此則距心之罪也。」

他日，見於王曰：「王之為都者，臣知五人焉。知其罪者，惟孔距心。為王誦之。」王曰：「此則寡人之罪也」。

政治如都能訴之於政治之理性，則彼此知罪，即彼此知所以自處，而盡其職責。惟若爲政者僅以牧人自居，而未識以其人民爲政治的主體，則當其政治的理性，一旦不顯時，即一切無著落，終必至橫決而後已。於此之際，所謂「爲天地立心，爲生民立命，爲往聖繼絕學，爲萬世開太平」，自然都不能不著眼於政治的主體之建立，亦惟有著眼於此政治主體之建立，方能見其個人與國家民族之大心腸、大魄力和大氣概。

五

孟子為卿於齊，出弔於滕。王使蓋大夫王驩為輔行。王驩朝暮見，反齊滕之路，未嘗與之言行事也。公孫丑曰：「齊卿之位，不為小矣。齊卿之路，不為近矣。反之而未嘗與言行事，何也？」曰：「夫既或治之，予何言哉？」

在這裏，「既或治之，予何言哉？」那可以是不言之言，亦可以是行無所事，亦可以是「天何者哉？四時行焉，百物生焉，天何言哉？」這其間，儘有其一種境界之步步展開，亦儘有其一種氣概之層層出現。而孟子於此，當會是不言之言，而有其無可如何之概。惟其所以自處而處人之情，則已盡之。

六

燕人畔，王曰：「吾甚慚於孟子」。

陳賈曰：「王無患焉，王自以為與周公，孰仁且智？」

王曰：「惡，是何言也？」曰：「周公使管叔監殷，管叔以殷畔。知而使之，是不仁也。不知而使之，是不知也。仁智，周公未之盡也，而況於王乎？賈請見而解之。」

見孟子，問曰：「周公何人也？」曰：「古聖人也。」曰：「使管叔監殷，管叔以殷畔，有諸？」

曰：「然」。曰：「周公知其將畔而使之與？」曰：「不知也。」

「然則聖人且有過與？」

曰：「周公，弟也，管叔，兄也。周公之過，不亦宜乎？且古之君子，過則改之；今之君子，過則順之。古之君子，其過也，如日月之蝕，民皆見之。及其更也，民皆仰之。今之君子，豈徒順之？又從為之辭之。」

這眞是：人之視己，如見其肺肝然。小人之情，只見其小。齊王於此自慚，此則猶不失爲性情之常，若陳賈之「請見而解之」，直是性情之賊。

「古之君子，其過也，如日月之蝕」，在這裏，會儘是光明！故觀過知仁。

「今之君子，過則順之。」在這裏，會儘是陰暗，故流於罪惡。

「古之君子，過則改之」，而且，「其更也，人皆仰之」。在這裏，自另是一番氣概，故儘見其生命，儘見其性情。

「今之君子，豈徒順之？又從爲之辭之。」在這裏，自別是一種心腸。故只見其卑下，又只見其瑣屑。

七

孟子致為臣而歸。王就見孟子曰：「前日願見而不可得，得侍同朝，甚喜。今又棄寡人而歸。不識可以繼此而得見乎？」對曰：「不敢請耳，固所願也。」他日，王謂時子曰：「我欲中國而授孟子室，養弟子以萬鍾，使諸大夫國人皆有所矜式，子盍為我言之？」時子因陳子而以告孟子。陳子以時子之言告孟子。孟子曰：「然，夫時子惡知其不可也？如使予欲富，辭十萬而受萬，是為欲富乎？季孫曰：『異哉，子叔疑，使己為政，不用，則亦已矣。又使其子弟為卿！人亦孰不欲富貴，而獨於富貴之中，有私龍斷焉。』古之為市者，以其所有，易其所無者，有司者治之耳。有賤丈夫焉，必求龍斷而登之，以左右望而罔市利。人皆以為賤，故從而征之。征商，自此賤丈夫始矣。」

在政治上，必須把自己客觀化。個人絕不能僅僅是代表個人，而須代表一客觀理想。因此個人在政治上的進退，即必須關聯到此一客觀理想之在實踐上的情形。這即是所謂「用之則行，捨之則藏」。這其間，絕不應有其個人利害上之打算，以至個人情感上的沾滯。蓋必如此，方能在一客觀理想上，行有行的意義與價值，藏亦有藏的意義與價值。這即是所謂「君子無入而不自得」。

就個人言，一個人的政治生命，亦必須寄托於一政治的客觀理想。否則便是所謂「宦海浮沉」，在那裏頭出頭沒，亦終必爲政治所埋葬。這是十分可悲的。

孟子與齊王說仁義，欲齊王行仁義，其所懷抱之一大政治的客觀理想，會就是想實現其一種純理性的人類政治。這用當時的語言說，就是「王道」。那是由內聖直到外王，這其間雖不免過於直截，但不直截了當，亦難免夾雜泥沙，而有損於理性的透明。由理性的透明，到政治的清明；再由政治的清明，到人間的光明，並讓整個宇宙，都有其光明相，這總會是一直下來的線索和途徑。這用一個字來說明，就是「道」。

孟子以其「道之不行」而「致爲臣而歸」，齊王反出之以世俗之情，而爲「萬鍾」之說。在這裏，若一沾滯，即毫無氣概之可言。在這裏，若一打算，即不成樣子。「經濟上的征商」，自「賤丈夫」始；政治上的奴役，亦正是自「賤丈夫」始。

八

孟子去齊，宿於晝。有欲為王留行者，坐而言，不應；隱几而臥。客不悅曰：「弟子齊宿而後敢言，夫子臥而不聽，請勿復敢見矣。」曰：「坐，我明語子：昔者魯繆公無人乎子思之側，則不能安子思。泄柳、申詳，無人乎繆公之側，則不能安其身。子為長者慮，而不及子思。子絕長者乎？長者絕子乎？」

在政治上，一大客觀理想之受阻，自會有其無窮的委曲，自會有其無窮的隱痛，自會有其無窮的傷悲，自會有其無窮的慨嘆。但既已把一己客觀化了，亦正可落得一個「乾淨」。「坐而言，不應；隱几而臥」，這便是一大「乾淨」相。這一大「乾淨」相，亦正是一大氣概。

「子絕長者乎？長者絕子乎？」於此，會儘是斬截，又會儘是溫然。

九

孟子去齊。尹士語人曰：「不識王之不可以為湯武，則是不明也。識其不可，然且至，則是干澤也。千里而見王，不遇故去。三宿而後出晝，是何濡滯也？士則茲不悅。」高子以告。曰：「夫尹士惡知予哉？千里而見王，是予所欲也。不遇故去，豈予所欲哉？予不得已也。予三宿而出晝，於予心猶以為速。王庶幾改之。王如改諸，則必反予。夫出晝而王不予追也，予然後浩然有歸志。予雖然，豈捨王哉？王由足用為善。王如用予，則豈徒齊民安？天下之民舉安。王庶幾改之。予日望之。予豈若是小丈夫然哉？諫於其君而不受，則怒。悻悻然見於其面，去則窮日之力而後宿哉？」尹士聞之曰：「士誠小人也。」

這絕不是個人利害上的打算，這也絕不是個人情感上的沾滯。尹士不識此個人之客觀化，並已關聯到一大政治的客觀理想，且認爲此個人的出處，此個人的進退，此個人的行止，無關乎客觀理想，無關乎天下國家，無關乎歷史文化，而只以之爲個人的事，所以單就個人言，那會是「不明」，那會是「干澤」，那會是「濡滯」。

其實，是一大心靈上，「大明」會反似「不明」；在一大性情上，行道會反似「干澤」；在一大生命上，斬截會反似濡滯。於此，「統體透明」究竟是什麼一回事？「汲汲遑遑」究竟是什麼一回事？「截斷眾流」究竟是什麼一回事？便必須能有其在客觀上之一種深切的理解。而不能深切理解到這裏，便只見其心靈之塞，便只見其性情之偏，便只見其生命之小。

「諫於其君而不受，則怒」，那是小。

「悻悻然見於其面」，那是小。

「去則窮日之力而後宿」，那是小。

小即毫無氣概之可言，小即不成樣子！

而孟子於此，則正因有其一大心靈，始「千里而見王」；正因有其一大性情，始「三宿而出晝」；正因有其一大生命，始「浩然有歸志」。這儘會是大人相。

亦惟大人，始能絕對沒有其個人利害上的打算，始能絕對沒有其個人感情上的沾滯。並於其絕對精神上，會儘有其一大客觀精神，以形成一大客觀理想，而貫注於天下國家與夫歷史文化之中，故儘是「浩然」！

十

孟子去齊，充虞路問曰：「夫子若有不豫色然。前日虞聞諸夫子曰：『君子不怨天，不尤人。』」

曰：「彼一時，此一時也。五百年必有王者興，其間必有名世者。由周而來，七百有餘歲矣。以其數則過矣。以其時考之則可矣。夫天，未欲平治天下也；如欲平治天下，當今之世，捨我其誰也？吾何為不豫哉？」

此「不捨離以爲道」，所以爲至難！於此，浩然之志，自更有其至悲之情。而以至悲之情，表現而爲不豫之色，則使命之感與命運之感，即一齊湧來。

一般人類的歷史，總是由神話的，到理性的；亦即由非理性的，到理性的；或由力的相角，而終於到理性的。於此而由服從一種普通生物學上的原則，即生命的相殘與生命的相競，終於到符合一種眞正文化上的原理，即生命的安頓與生命的諧和：這其間，本有其一種極其遼遠的過程，和一種極其搖擺不定的樣相。而人類所賴以維繫其永恆永續之地步，則全視其能否具備一種歷史的生命與文化的生命，而成爲一種歷史文化的動物。

但在我國歷史上，則分明有其一大特點，此即是並未經過若何遼遠的過程，和若何搖擺不定的樣相，便一下子擺脫了他歷史上的神話的成分，或非理性的成分，或力的相角，以純服從普通生物學上的一種原則，遂致只有其生命的相殘和生命的相競成分。盤古氏開天闢地之傳說，會盡有其一大象徵的意義，此即是闢地乃從事土地之開發，開天乃致力於心靈之開發，由此而一直獲其生命的安頓，並一直獲其生命的諧和，以形成其一大歷史的生命與一大文化的生命。於是人人成爲歷史與文化的動物，人人皆被納入於一種歷史與文化之大流中，而自有其生命之永恆與慧命之相續。

就在這生命之永恆與慧命之相續上，「五百年必有王者興」。

就在這生命之永恆與慧命之相續上，「其間必有名世者」。

本此以言一大歷史使命之承擔，這便是持志。

本此以言一大文化使命之承擔，這便是知言。

在持志與知言上，會有見於一大生命之永恆與一大慧命之相續。這便自然會不怨尤。

在持志與知言上，自亦會有憂於一大生命之永恆與一大慧命之相續。這便自然會是「不捨離以為道」。

「由周而來，七百有餘歲矣，以其數則過矣。」於此，政治的理性的搖擺，實已太甚，此則必須扭轉，方能免於一大歷史文化的倒流。而在人類的歷史文化上，總時時有此倒流的出現，以致神話的，非理性的與夫以力相角而相殘相競之局，有其支配之勢。此則自然會有其無窮之悲和命運之感。

「以其時考之，則可矣。」此則表明政治的理性的搖擺，終當有其常軌，而在整個歷史文化之擔負上，自有其一大使命。

「夫天未欲平治天下也。如欲平治天下，當今之世，捨我其誰也？」於此，孟子一齊湧出其命運與使命之感，正是他的持志與知言之功。於此，而自浩然；於此，而自有其氣概；於此，而亦自會終不至於不豫，故曰：

「吾何為不豫哉？」

十一

孟子去齊，居休。公孫丑問曰：「仕而不受祿，古之道乎？」曰：「非也。於崇，吾得見王，退而有去志，不欲變，故不受也。繼而有師命，不可以請，久於齊，非我志也。」

從整個歷史文化使命的擔負上說，這祿是君祿，亦正是天祿；是天祿，亦正是民祿。這不會是「凱薩的歸凱薩，上帝的歸上帝」。因此，受祿正所以表明「不捨離以為道」，正所以表明其一種擔負。惟孟子於此，雖明知其受祿為古之道，然終不受，此則正表明其一種悲情，一種氣概。

第五講 民事之義：生命、生產與性情之安頓——滕文公章上

一

滕文公為世子，將之楚，過宋而見孟子，孟子道性善，言必稱堯舜。世子自楚反，復見孟子，孟子曰：「世子疑吾言乎？夫道一而已矣。成覸謂齊景公曰：『彼丈夫也，我丈夫也，吾何畏彼哉？』顏淵曰：『舜何人也？予何人也？有為者亦若是。』公明儀曰：『文王我師也，周公豈欺我哉？』今滕，絕長補短，將五十里也，猶可以為善國。《書》曰：『若藥不瞑眩，厥疾不瘳。』」

一個邪惡的時代，會更是一個反省的時代，而在一個反省的大時代裏，人們更須得不承認自己的好，就承認自己的不好。其承認自己的好，是由於自己本來的好；而其承認自己的不好，也是由於自己本來的好。由此而於一個邪惡的時代，亦即一個不信的時代，建立一己的好的信心，便最好是直道性善。

這樣一直道著性善，便必然會有其一直的嚮往。由此而識取一個太平之世的由來，故「言必稱堯舜」。

滕文公為世子，孟子對之之言，正所以見我古聖賢之用心，會儘是溫暖，儘是清明。於此而指出的一大方向，更會是人類的唯一的大方向，從而，更儘會有其唯一的大途徑，這即是所謂「道一而已」。

此一大認識，會需要大心靈、大智慧，亦正需要大魄力。故曰：「彼丈夫也，我丈夫也，吾何畏彼哉？」

同時，更需要大的實踐，故曰：「舜何人也？予何人也？有為者亦若是。」

而且，還需要大的性情。故曰：「文王我師也，周公豈欺我哉？」

既有了善良的認識，就會有善良的生命。既有了善良的生命，就會有善良的國。故曰：「猶可以為善國。」

惟於此，必須有其痛切之感，與夫迫不及待之情。故曰：「藥不瞑眩，厥疾不瘳。」而到厥疾一瘳之際，那便會是大大地死去一番，又告復活了。

二

滕定公薨，世子謂然友曰：「昔者孟子嘗與我言於宋，於心終不忘。今也不幸至於大故，吾欲使子問於孟子，然後行事。」然友之鄒，問於孟子。孟子曰：「不亦善乎？親喪固所自盡也。曾子曰：『生，事之以禮，死，葬之以禮，祭之以禮，可謂孝矣。』諸侯之禮，吾未之學也，雖然，吾嘗聞之矣，三年之喪，齊疏之服，飦粥之食，自天子達於庶人，三代共之。」然友反命，定為三年之喪。父兄百官皆不欲，曰：「吾宗國魯先君莫之行，吾先君亦莫之行也。至於子之身而反之，不可。且志曰：『喪祭從先祖。』曰：「吾有所受之也。」

謂然友曰：「吾他日未嘗學問，好馳馬試劍，今也父兄百官不我足也，恐其不能盡於大事。子為我問孟子。」然友復之鄒，問孟子。孟子曰：「然，不可以他求者也。孔子曰：『君薨，聽於冢宰，歠粥面深墨，即位而哭。百官有司，

莫敢不哀，先之也。』上有好者，下必有甚焉者矣。『君子之德，風也，小人之德，草也。草尚之風必偃。』是在世子。」然友反命，世子曰：「然。是誠在我。」五月居廬，未有命戒，百官族人可謂曰知。及至葬，四方來觀之，顏色之戚，哭泣之哀，弔者大悅。

我人在喪禮中，面對死亡，正所以證其悲情，正所以通於冥冥中的世界。通於冥冥中的世界，正所以通於無窮的未來。而一通於無窮的未來，即獲其慧命之相續；一獲其慧命之相續，即獲其生命之永恆。

生命之極度諧和，每由於生命之至悲之感。生命之全般安頓，每由於生命之永恆之思。於此而有其生命之淨化，故孟子曰：

「不亦善乎？親喪固所自盡也。」

從而「三年之喪」，正所以「純亦不已」。於此，而更有其生命之超越，所謂：

「是誠在我。」

這「是誠在我」之心，即通於死者之心，通於死者之心，即通於一超越者之心，從而「三年之喪」，正所以「於穆不已」。

「生事之以禮」，那是人道之始。「死葬之以禮，祭之以禮」那是人道之終。孝於此在人道上澈始澈終，正是人道的一大實踐、一大完成。凡是關聯著生命的事，都是屬於性情的事，而孝在生命的穆穆綿綿上，則更是屬於一種至性和至情的事。

滕世子之「顏色之戚，哭泣之哀」，儘會是使「弔者大悅」，那是分明顯出了一大性情的原理，那是涵蓋了一切又超越了一切的一大性情的原理。

三

滕文公問為國，孟子曰：「民事不可緩也。《詩》云：『晝爾於茅，宵爾索綯；亟其乘屋，其始播百穀。』民之為道也，有恆產者有恆心，無恆產者無恆心。苟無恆心，放辟邪侈，無不為已。及陷乎罪，然後從而刑之，是罔民也。焉有仁人在位，罔民而可為也？是故賢君必恭儉禮下，取於民有制。陽虎曰：『為富不仁矣，為仁不富矣。』夏后氏五十而貢，殷人七十而助，周人百畝而徹，其實皆什一也。徹者，徹也，助者，藉也。龍子曰：『治地莫善於助，莫不善於貢。貢者校數歲之中以為常，樂歲，粒米狼戾，多取之而不為虐，則寡取之；凶年，糞其田而不足，則必取盈焉。為民父母，使民盻盻然，將終歲勤勤，不得以養其父母，又稱貸而益之，使老稚轉乎溝壑，惡在其為民父母也？夫世祿，滕固行之矣。《詩》云：『雨我公田，遂及我私。』惟助為有公田。由此觀之，雖周亦助也。設為庠序學校以教之，庠者，養也，校者，教也，序者，射也。夏曰校，殷曰序，周曰庠。學則三代共之，皆所以明人倫也。人倫明於上，小民親於下，有王者起，必來取法。是為王者師也。《詩》云：『周雖舊邦，其命維新』，文王之謂也。子力行之，亦以新子之國。」

使畢戰問井地，孟子曰：「子之君將行仁政，選擇而使子，子必勉之。夫仁政，必自經界始。經界不正，井地不鈞，穀祿不平。是故暴君汙吏必慢其經界。經界既正，分田制祿可坐而定也。夫滕壤地褊小，將為君子焉，將為野人焉。無君子莫治野人，無野人莫養君子。請野九一而助。國中什一使自賦。卿以下必有圭田，圭田五十畝，餘夫二十五畝。死徙無出鄉。鄉田同井，出入相友，守望相助，疾病相扶持，則百姓親睦。方里而井，井九百畝。其中為公田，八家皆私百畝，同養公田。公事畢，然後敢治私事。所以別野人也。此其大略也。若夫潤澤之，則在君與子矣。」

就在這裏，所謂「民事不可緩也」之民事的安頓，亦正是生命的安頓；其所謂「惡在其為民父母也？」之生命的安頓，亦正是生產的安頓。

而所謂「有恆產者有恆心，無恆產者無恆心」的生產的安頓，則更正是性情的安頓。彼「人倫明於上，小民親於下」，與夫「鄉田同井，出入相友，守望相助，疾病相扶持」，這便是性情的安頓。

民事無他，那只是生產與教化。有關生產的事至多至繁，而亦至雜。惟有關教化的事，則至重至簡，而亦至純。只有在至多至繁而又至雜裏，終於不厭；同時在至重至簡而又至純裏，永能無倦；這方能見性情，這方能有其性情的安頓。

有其性情的安頓，便自然會：「晝爾於茅，宵爾索綯；亟其乘屋，其始播百穀。」

有其性情的安頓，便自然會：「雨我公田，遂及我私。」

有其性情的安頓，便自然會：「周雖舊邦，其命維新。」

仁人在位，必行仁政。「夫仁政，必自經界始」；但仁政，亦必以性情終。「若夫潤澤之」，在當時，固「在君與子」；但時至今日，則正在科學與民主了。

四

有為神農之言者許行，自楚之滕，踵門而告文公曰：「遠方之人聞君行仁政，願受一廛而為氓。」文公與之處。其徒數十人，皆衣褐，捆屨，織席以為食。陳良之徒陳相與其弟辛，負耒耜而自宋之滕，曰：「聞君行聖人之政，是亦聖人也。願為聖人氓。」陳相見許行而大悅，盡棄其學而學焉。陳相見孟子，道許行之言曰：「滕君，則誠賢君也。雖然，未聞道也。賢者與民並耕而食，饔飧而治；今也滕有養廩府庫，則是厲民而以自養也。惡得賢？」孟子曰：「許子必種粟而後食乎？」曰：「然。」「許子必織布而後衣乎？」曰：「否。許子衣褐。」「許子冠乎？」曰：「冠。」曰：「奚冠？」曰：「冠素。」曰：「自織之與？」曰：「否，以粟易之。」曰：「許子奚為不自織？」曰：「害於耕。」曰：「許子以釜甑爨，以鐵耕乎？」曰：「然。」「自為之與？」曰：「否，以粟易之。」「以粟易械器者，不為厲陶冶，陶冶亦以械器易粟者，豈為厲農夫哉？且許子何不為陶冶？捨皆取諸其宮中而用之，何為紛紛然與百工交易？何許子之不憚煩？」曰：「百工之事，固不可耕且為也。」「然則治天下，獨可耕且為與？有大人之事，有小人之事，且一人之身，而百工之所為備，如必自為而後用之，是率天下而路也。故曰：『或勞心，或勞力，勞心者治人，勞力者治於人，治於人者食人，治人者食於人。』天下之通義也。當堯之時，天下猶未平，洪水橫流，氾濫於天下，草木暢茂，禽獸繁殖，五穀不登，禽獸偪人，獸蹄鳥跡之道，交於中國，堯獨憂之，舉舜而敷治焉。舜使益掌火，益烈山澤而焚之，禽獸逃匿。禹疏九河，瀹濟漯而注諸海，決汝漢，排淮泗，而注之江，然後中國可得而食也。當是時也，禹八年於外，三過其門而不入，雖欲耕，得乎？后稷教民稼穡，樹藝五穀，五穀熟而民人育。人之有道也，飽食煖衣，逸居而無教，則近於禽獸，聖人有憂之，使契為司徒，教以人倫，父子有親，君臣有義，夫婦有別，長幼有序，朋友有信。放勳曰：『勞之來之，匡之直之，輔之翼之，使自得之，又從而振德之。』聖人之憂民如此，而暇耕乎？堯以不得舜為己憂，舜以不得禹、皋陶為己憂。夫以百畝不易為己憂者，農夫也。分人以財謂之惠，教人以善謂之忠，為天下得人者謂之仁。是故以天下與人易，為天下得人難。孔子曰：『大哉堯之為君，惟天為大，惟堯則之，蕩蕩乎民無能名焉。君哉舜也，巍巍乎有天下而不與焉。』堯舜之治天下，豈無所用其心哉？亦不用於耕耳。吾聞用夏變夷者，未聞變於夷者也。陳良，楚產也。悅周公、仲尼之道，北學於中國。北方之學者，未能或之先也，彼所謂豪傑之士也。子之兄弟事之數十年，師死而遂倍之。昔者孔子沒，三年之外，門人治任將歸，入揖於子貢，相嚮而哭，皆失聲，然後歸。子貢反，築室於場，獨居三年，然後歸。他日，子夏、子張、子游以有若似聖人，欲以所事孔子事之，彊曾子。曾子曰：『不可。江漢以濯之，秋陽以暴之，皜皜乎不可尚已。』今也，南蠻鴃舌之人，非先王之道，子倍子之師而學之，亦異於曾子矣。吾聞出於幽谷、遷於喬木者，未聞下喬木而入於幽谷者。《魯頌》曰：『戎狄是膺，荊舒是懲。』周公方且膺之，子是之學，亦為不善變矣。」「從許子之道，則市賈不貳，國中無偽，雖使五尺之童適市，莫之或欺。布帛長短同，則賈相若；麻縷絲絮輕重同，則賈相若；五穀多寡同，則賈相若；屨大小同，則賈相若。」曰：「夫物之不齊，物之情也。或相倍蓰，或相什伯，或相千萬，子比而同之，是亂天下也。巨屨小屨同賈，人豈為之哉？從許子之道，相率而為偽者也。惡能治國家？」

就「陳相見許行而大悅，盡棄其學而學焉」上說，許行自必有其學，亦必有其道。且其學其道，當亦必著眼於生命的安頓、生產的安頓與夫性情之安頓，並儘有其在人性上的一大自由相和一大平等相。而其眞實無妄處，自更應有其在人性上的一理平鋪而簡單化之相。故「從許子之道，則市賈不貳，國中無僞，雖使五尺之童適市，莫之或欺」。

只不過，畢竟許子之學與許子之道，在生命之安頓上，會欠其生命之提升；在生產的安頓上，會欠其生產之秩序；在性情的安頓上，會欠其性情之推擴。雖有其在人性上的一大自由相，但畢竟欠其在人性上的一大清明相；雖有其在人性上的一大平等相，但畢竟欠其在人性上的一大莊嚴相；雖有其在人性上的一理平鋪而簡單化之相，但畢竟欠其在人性上的「萬象森然而後漠無朕」，以及大開大合而「純亦不已」之相。

「賢者與民並耕而食，饔飧而治；今也滕有倉廩府庫，則是厲民而以自養也，惡得賢？」這就生命的安頓上說，會儘有其一副大心腸；故自「衣褐捆屨織席以爲食」，而不事其他。

但「人之有道也，飽食煖衣，逸居而無教，則近於禽獸」，這便不能不求生命之提昇。而就生命之提昇上說，「聖人有憂之」，這就會更有其滿腔子的眞心血。故必「勞之來之，匡之直之，輔之翼之，使自得之，又從而振德之」，而不能不「大有事在」。

「有帛長短同，則賈相若；麻縷絲絮輕重同，則賈相若；五穀多寡同，則賈相若；屨大小同，則賈相若」。這就生產的安頓上說，會儘有其一種大心胸。而細味其眞意，當亦是求「五穀熟而民人育」，故必以農業爲最基本之生產，而佐以百工之事，並視爲政者亦爲百工之一，須兼營此最基本之生產，以培其本；但耕者則在生產之分工上，可以不必兼事乎百工，故曰：「百工之事，固不可耕且爲也。」

只是：「然則治天下，獨可耕且爲與？」這便不能不說及生產之秩序。而就生產之秩序上說，所謂「有大人之事」，這就會更有其一番大建樹，且爲此大建樹，必須有其大肝膽，大魄力。所謂「或勞心，或勞力；勞心者治人，勞力者治於人；治於人者食人，治人者食於人；天下之通義也。」細味其意，那更是求「五穀熟而民人育」，而以農業爲最基本之生產。但必須於此最基本之生產上，有人從事一大生產秩序之建樹，始能使此最基本之生產，駕於百工之上，以眞培其本。故「堯以不得舜爲己憂，舜以不得禹皐陶爲己憂」，而此種憂心，即所謂「勞心」，以勞心於生產秩序之大樹立。生產秩序未樹立，便是「天下未平」。同時天下未平，「洪水橫流，汎濫於天下，草木暢茂，禽獸繁殖，五穀不登，禽獸偪人，獸蹄鳥跡之道，交於中國」，一切是莽蕩，一切是荒涼，便絕談不上生產之秩序。故知在一大生產秩序之上面，必有待於其一連串之大施設，而生產之實質，亦必定會是一連串之眞精神。彼勞力者之能只勞其力，並安其居而樂其業，實有賴於成其爲歷史的一連串之大心靈，和有賴於成其爲文化的一連串之大智慧。若夫禹之「八年於外，三過其門而不入」，則更於勞心之餘，實無片刻之不勞其力。天地無憂，勞力者無憂，而聖人則不能不有憂，並無間於日夜，無間於死生，亦無間於今古。惟其如此，始足以言治人，始足以言食於人，始足以言樹立生產之秩序，以開天下之太平。

許子之徒，「皆衣褐，捆屨，織席以爲食」。細按許子之學與許子之道，實意在使人皆各盡其力，各食其食，各安其居，各樂其業，各遂其生，各治其心，各欲其欲，各適其天，以使「五尺之童適市，莫之或欺」。此在性情之安頓上，自會是一種大機大用和一種大手腕。

只不過，「夫物之不齊，物之情也」，把一切安頓於一大平面之上，又壓之於一大平面之下，一切推擴不開，一切無由伸長。生命因之乾枯，生產因之凍結，性情亦必因之乖戾。這在一方面，會「率天下而路」，這在另一方面，反會「相率而爲僞」，形成一大委屈和虛矯之局。結果所至，原期其在性情之安頓上，爲大機大用，但竟會一下子心神無主，呆若木雞；原以其在性情的安頓上爲一大手腕，但竟會一下子手足失措，毫無所展。那是推擴不開，只承認一個人爲政治經濟的動物，而不惜斬斷一個人的歷史文化的生命。

在一個邪惡而不信的世代裏，像許子之學與許子之道，固會是「冷然善也」。只不過，那只是求其冷，求其齊，求其一，求其同，那分明是忽略了「一陽之動」，忽略了個體與「分殊」，忽略了「一」裏的多，並昧然於「不同同之之謂大」。此所以不足以言時代之扭轉。故亦儘可以說：

「惡能治國家？」

在許子那裏，亦自會有其一個特定的天地，那會像是「有天下而不與焉」。那會灑脫之至，那會輕鬆之至，那會恬然之至，那會自在之至。那可以毫無拘束，那可以毫無計慮，那可以把一切放下來。那樣一個特定的天地，會眞像一個水晶球似的天地，這納之於人性中，便儘會有其一大自由相。

只是「堯舜之治天下，豈無所用其心哉」？於此，除應有其一個特定的天地，即像水晶球似的天地以外，實更應有其「清明」之「在躬」。那終不會是一味灑脫，一味輕鬆，一味恬然，一味自在，和只是毫無拘束，毫無計慮，而一味放下。那會是惻然，所以朗然。那是光被四海，那又是「清明在躬」。孟子曰：

「以天下與人易，爲天下得人難。」

而這「爲天下得人」之相，則正是在人性上的一大自由相，更加上了一大清明相，此所以爲難。否則，那便會是「果哉，末之難矣」。

在許子之學與許子之道那裏，除了把一切放下之外，自然更會把一切放平。這種「放平」，固然是把一切安頓於一大平面之上，又壓之於一大平面之下，然因有其一個特定的天地，在人性上，儘有其一大平等相，故其「泠」，仍是「泠然善也」；其「齊」亦自然其齊之之道，而非一刀削平；其「一」亦自有其一之之道，而非集中一切；其「同」更自有其同之之道，而非排拒其他。就因爲如此，故另有其一個特定的境界，那亦會像是「蕩蕩乎民無能名焉」：無物我之相對，無大小之相較，無高下之相形，無貴賤之相待，夭壽不二，萬法歸一。在這人性上，實儘有其一大平等相。

只不過，「惟天爲大，惟堯則之」。在天之下，會儘有其層次，會儘有其莊嚴。而人道終必上同於天道：有其自上至下的一線，即有其自上至下的一倫；有其自前至後的一線，即有其自前至後的一倫；有其自左至右的一線，即有其自左至右的一倫。父子君臣是自上至下的一線一倫，夫婦長幼是自前至後的一線一倫，而朋友則是自左至右的一線一倫。這便構成了一個宇宙，這更構成了一個人間。於此，「父子有親，君臣有義，夫婦有別，長幼有序，朋友有信」，同時宇宙內亦復有一大諧和，而「雷雨之動滿盈」，更孕育了無窮的層次，無限的莊嚴。以此之故，所謂「蕩蕩乎民無能名焉」之相，其在人性上的一大平等相中，更儘有其一大莊嚴相。此所以爲「大」，亦所以爲「巍巍」！而只爲神農之言有許子，則未能有進於此了。

就因爲如此，在許子之學與許子之道裏，便似不會有義利之分，便似不會有華夷之辨，亦似不會有人禽之別。

陳相陳辛因信許子之說，竟於師事陳良數十年之後，「師死而遂倍之」。這便似在許子之說中，不會著重一些義利之分。

陳良「悅周公仲尼之道，北學於中國，北方之學者，未能或之先也，彼所謂豪傑之士也」。這是「用夏變夷」。而陳相陳辛因許子之說，反「變於夷」。其所以「亦爲不善變矣」，自亦似在許子之說中，不會有若何華夷之辨。

許子不惜斬斷一個人的歷史與文化之生命，其不能有其歷史之觀念與使命，與其不能有其文化之觀念與使命，自屬難怪。而其不嚴華夷之辨與義利之分，亦自屬難怪。

惟其如此，此所謂「南蠻鴃舌之人」，在其學非聖人之學，道「非先生王之道」中，自樂於與「豕鹿同遊」，與鳥獸同群，而無分於彼此。於是一理平鋪，亦儘有其「簡單化」之相。

只不過，「惟鳥獸不可與同群。吾非斯人之徒與而誰與？」而一爲「人之徒」，便即當有「人禽之別」。

一有人禽之別，即有「華夷之辨」。其所謂華夷之辨，實即歷史與文化之辨。人為歷史與文化之動物，故必有人禽之別。人有歷史與文化之識別，故必有華夷之辨。《魯頌》曰：

「戎狄是膺，荊舒是懲。」

惟當其一入中國，便即「中國之」，故此華夷之辨，全為一歷史文化之問題。

一有華夷之辨，即更有義利之分。於此而有其一理之流行，並有其一善之流行，復有其一氣之流行，而生生化化。此天道之所以無窮，此人道之所以不朽。

「昔者孔子沒，三年之外，門人治任將歸，入揖於子貢。相嚮而哭，皆失聲，然後歸。子貢反，築室於場，獨居三年，然後歸。他日，子夏、子張、子游以有若似聖人，欲以所事孔子事之，彊曾子。曾子曰：『不可。江漢以濯之，秋陽以暴之，皜皜乎不可尚已。』」而這「皜皜乎不可尚已」之相，其在人性上之「一理平鋪而簡單化」之相中，自更儘有其「萬象森然而復漠無眹」以及大開大合而「純亦不已」之相。此所以為「聖」，此所以是「生民以來未有也」，亦所以使人「出於幽谷，遷於喬木者」。而只為神農之言的許子，自更未能有進於此了。

五

墨者夷之，因徐辟而求見孟子。孟子曰：「吾固願見。今吾尚病，病癒，我且往見。」夷子不來。他日，又求見孟子。孟子曰：「吾今則可以見矣。不直，則道不見，我且直之。吾聞夷子墨者，墨之治喪也，以薄為其道也。夷子思以易天下，豈以為非是而不貴也？然而夷子葬其親厚，則是以所賤事親也。」徐子以告夷子。夷子曰：「儒者之道，古之人『若保赤子』，此言何謂也？之則以為愛無等差，施由親始。」徐子以告孟子。孟子曰：「夫夷子，信以為人之親其兄之子，為若親其鄰之赤子乎？彼有取爾也。赤子匍匐將入井，非赤子之罪也。且天之生物也，使之一本，而夷子二本故也。蓋上世嘗有不葬其親者。其親死，則舉而委之於壑。他日過之，狐狸食之，蠅蚋姑嘬之。其顙有泚，睨而不視。夫泚也，非為人泚，中心達於面目。蓋歸反虆梩而掩之。掩之誠是也。則孝子仁人之掩其親，亦必有道矣。」徐子以告夷子，夷子憮然為閒曰：「命之矣。」

性情之道，總是由一般的到獨特的，又由獨特的到一般的。這其間的一大往來，一大消息，會眞是「及其至也，雖聖人亦有所不知」。但「百姓日用」之，而不能「須臾離」，此乃因其爲一常道，即一切經常所遵循的一個途徑。必如此始能有其「通」，必如此始能有其「是」，必如此始能有其「安」。若僅是「一般的」，那便莽蕩而無著落。若僅是獨特的，那便孤零而無所歸。由前而言，那必將落空而亡；由後而言，那必將閉塞以死。此所以俱爲死道，亦即都是魔道。

「古之人若保赤子」，這是由獨特的赤子，到一般的「若保赤子」，這是由其親子之愛，到「以天地萬物爲一體」之仁。這是推其親子之愛，以到達「天地萬物爲一體」之仁。這是充其親子之愛，以到「以天地萬物爲一體」之仁。至何以能由此親子之愛，以到達「以天地萬物爲一體」之仁？何以能「推」此親子之愛，以到達「天地萬物爲一體」之仁？何以能「充」此親子之愛，以到達「天地萬物爲一體」之仁？則正是本爲「以天地萬物爲一體」之仁，「落實」而爲親子之愛，「爲形氣所限」而爲親子之愛，「由一般的到獨特的」而爲親子之愛。由此而再「由獨特的到一般的」，便正是所謂「反者道之動」和「逆之則成聖成賢」。亦正是所謂「一本」。

而「愛無差等」，則只是停頓於「一般的」上面。那沒有「順」其一般的到獨特的，亦沒有「逆其「獨特的」到「一般的」，乃是落於「二本」，那不會「成聖成賢」，亦不會

「生天生地」。結果所至，必然會有心靈窒息，生命僵化而性情梏亡。因此之故，既不能成其親子之愛，亦不能成其眞正「一體之仁」。在那裏，無差等，即無層次；無層次，即難有一切的構成。此實害道甚大。於此，「不直則道不見」。而直之之道，亦只是讓此「一般的」，直下而爲「獨特的」，並讓此「獨特的」，直上而爲「一般的」，如此直上直下，亦正是直往直來，直達今古，直貫天人。

其實，墨者夷之停頓於「一般的」上面，仍只是停頓於一種觀念上之「一般的」上面。故在其觀念上之實踐方面，即又陷入於一大矛盾中。其治喪以薄爲其道，而又葬其親厚，即爲其觀念與性情之矛盾。在此等處，必須認定至性至情，爲至眞至實，方有其正確之觀念的建立，以及觀念與性情之一致。故當孟子言及「孝子仁人之掩其親，亦必有道矣」之際，夷子即「憮然爲閒曰命之矣」。而所謂「亦必有道」，自仍是一種切實符合於生命生產與性情的安頓之道。

第六講　出處之方：一己精神之客觀化與絕對化——滕文公章　下

一

陳代曰：「不見諸侯，宜若小然。今一見之，大則以王，小則以霸。且志曰：『枉尺而直尋』，宜若可為也。」

孟子曰：「昔齊景公田，招虞人以旌，不至，將殺之。志士不忘在溝壑，勇士不忘喪其元，孔子奚取焉？取非其招不往也。如不待其招而往，何哉？且夫枉尺直尋者，以利言也。如以利，則枉尋直尺而利，亦可為與？昔者趙簡子使王良與嬖奚乘，終日而不獲一禽。嬖奚反命曰：『天下之賤工也。』或以告王良，良曰：『請復之。』彊而後可，一朝而獲十禽。嬖奚反命曰：『天下之良工也。』簡子曰：『我使掌與女乘。』謂王良，良不可。曰：『吾為之範我馳驅，終日不獲一；為之詭遇，一朝而獲十。《詩》云：「不失其馳，捨矢如破。」我不貫與小人乘，請辭。』御者且羞與射者比，比而得禽獸，雖若丘陵，弗為也。如枉道而從彼，何也？且子過矣。枉己者，未有能直人者也。」

此乃以「道」言。所謂「直人」，乃以其「道」直人，而直人亦必以其道之直。枉己者，乃枉己之道。枉己之道，則己之道，即為枉道。而直人亦以其道之枉，此即為一絕大之矛盾。故枉道必不能為直人之直道，此所以「枉己者，未有能直人者也」。

人能宏道，道亦宏人。在道上有其絕大之矛盾，即在人格上有其絕大之分裂。此則枉己不僅不能直人，且因己之未直，而失其一己存在之意義，故失其一切。

二

景春曰：「公孫衍、張儀豈不誠大丈夫哉？一怒而諸侯懼，安居而天下

熄。」

孟子曰：「是焉得為大丈夫乎？子未學禮乎？丈夫之冠也，父命之。女子之嫁也，母命之，往送之門，戒之曰：『往之女家，必敬必戒，無違夫子』。以順為正者，妾婦之道也。居天下之廣居，立天下之正位，行天下之大道。得志，與民由之；不得志，獨行其道。富貴不能淫，貧賤不能移，威武不能屈，此之謂大丈夫。」

「富貴不能淫」，則有所興；「貧賤不能移」，則有所立；「威武不能屈」，則有所成。

有所興，則能居天下之廣居；有所立，則能立天下之正位；有所成，則能行天下之大道。其得志與不得志，與此無關。

富貴能淫，則沉溺下去。一沉溺即物化，而心靈塞住，生命枯焦，性情乖張。

貧賤能移，則跌倒下來。一跌倒亦趨於物化，而心靈關閉，生命萎縮，性情偏戾。

威武能屈，則整個失落。一失落，則必終於物化，而心靈創傷，生命虧損，性情銷毀。

凡屬物化，其得志亦只是「以順爲正」，而一不得志，即萬世爲奴。

人必先能有所興，始能繼有所立，始能終有所成。因此之故，居天下之廣居而富貴不能淫，實是在一個人的完成上，最爲基本之條件，故一得志而即忘形者，必不能立天下之正位而貧賤不能移，更不足以言行天下之大道而威武不能屈。就因爲如此，所以必須「得志與民由之，不得志獨行其道」，始能眞足以不淫、不移、不屈，且一齊承之而無愧。彼不移貧賤者，每屈於威武而淫於富貴。彼不屈於威武者，每移於貧賤而淫於富貴。彼不淫於富貴者，則必「好禮」。好禮則必「循理」，故「自反而縮，雖千萬人吾往焉」，而不屈於威武。好禮則必「樂道」，故視富貴如浮雲，以外物爲輕，而不移於貧賤，且每能貧賤而樂。程明道詩云：「富貴不淫貧賤樂，男兒到此是英雄。」是大丈夫就是眞英雄！而「道通天地有形外，思入風雲變態中」（亦明道句），是有道之士，亦就是大丈夫。

三

彭更問曰：「後車數十乘，從者數百人，以傳食於諸侯，不以泰乎？」

孟子曰：「非其道，則一簞食不可受於人。如其道，則舜受堯之天下，不以為泰。子以為泰乎？」

曰：「士無事而食，不可也。」

曰：「子不通功易事，以羨補不足，則農有餘粟，女有餘布。子如通之，則梓匠輪輿皆得食於子。於此有人焉，入則孝，出則悌，守先王之道，以待後之學者，而不得食於子，子何尊梓匠輪輿而輕為仁義者哉？」

曰：「梓匠輪輿，其志將以求食也。君子之為道也，其志亦將以求食與？」

曰：「子何以其志為哉？其有功於子，可食而食之矣。且子食志乎？食功乎？」

曰：「食志。」

曰：「有人於此，毀瓦畫墁，其志將以求食也，則子食之乎？」

曰：「否。」

曰：「然則子非食志也，食功也。」

就性情上說：梓匠輪輿，其志亦可以非「將以求食」。而就性情之教上說，梓匠輪輿，其志更儘可以有進乎此，「以遊於藝」，而非「食於藝」；並儘可以由「遊於藝」進而「依於仁」，「據於德」，「志於道」，以與士為一，令人待之以士，不僅「食功」，而亦「食道」。

士之於此，「入則孝，出則悌，守先王之道，以待後之學者」，其志自斷非「將以求食」。然僅因「其有功於子，可食而食之矣」，似此只是食功，自儘有其在士人自待上之一大委屈處，而人之待士，亦反覺其不如梓匠輪輿之食功，爲直截了當，遂不免致其「無事而食」之譏。由此而招來士人無窮無數之不幸與夫慘痛悲哀之結局。由孟子而後近二千年，有許魯齋，即於異族鐵蹄之下，痛感士人不事生產之失當。以此之故，士人於志道據德依仁之餘，終遊於藝，則與梓匠輪輿之由藝進乎道，兩相對照之下，正是一大應有之交往，亦人間應有之福音。

且必如此，士人方可以終有所興，終有所立，終有所成。而在出處上，便儘可以一如孟子之言：

「非其道，則一簞食不可受於人，如其道，則舜受堯之天下，不以爲泰。」

四

孟子謂戴不勝曰：「子欲子之王之善與？我明告子。有楚大夫於此，欲其子

之齊語也，則使齊人傅諸？使楚人傅諸？」

曰：「使齊人傅之。」

曰：「一齊人傅之，眾楚人咻之，雖日撻而求其齊也，不可得矣。引而置之莊嶽之間數年，雖日撻而求其楚，亦不可得矣。子謂薛居州，善士也，使之居於王所。在於王所者，長幼卑尊，皆薛居州也，王誰與為不善？在王所者，長幼卑尊，皆非薛居州也，王誰與為善？一薛居州獨如宋王何？」

性情的人間，民日遷善而不知。至所謂「魚相忘於江湖」，則亦可以看出性情之天下。因此之故，在性情之教裏，總會是不知不覺而潛移默化之教。而此不知不覺而潛移默化之教，則最易見之於人與人之相與間，並最易見之於一個人的出處間。

就薛居州而言，若宋王之長幼卑尊，皆爲薛居州之同類，則宋王自當「日遷善而不知」。若宋王之長幼卑尊，皆爲薛居州之異類，則在宋王處，欲收其不知不覺而潛移默化之功，即不可能。善與不善爲兩端，君子與小人爲異類。在雜處中而欲獨顯其善，以君子爲首出，則眾寡相形之下，其大勢之所在，即不能不予以顧及。君子於此「見機而作」，便是出處之方。

五

公孫丑問曰：「不見諸侯，何義？」

孟子曰：「古者不為臣不見；段干木踰垣而辟之，泄柳閉門而不內，是皆已甚。迫，斯可以見矣。陽貨欲見孔子而惡無禮。大夫有賜於士，不得受於其家，則往拜其門。陽貨矙孔子之亡也，而饋孔子蒸豚。孔子亦矙其亡也，而往拜之。當是時，陽貨先，豈得不見？曾子曰：『脅肩諂笑，病於夏畦。』子路曰：『未同而言，觀其色赧赧然，非由之所知也。』由是觀之，則君子之所養可知已矣。」

天下之達尊三，爵一，德一，齒一。人有其一尊，即應任何人皆可見，而取人以爲善，與人以爲善，善與人同，善意相接。但當與其他一尊相接之際，此則必須以不損己之一尊爲準。孔子「亦矙其亡也，而往拜之」，此即在求不損己之一尊。「段干木踰垣而辟之，泄柳閉門而不納」，亦所以亟求不損己之一尊。此雖「是皆已甚」，但終合「古者不爲臣不見」之義，而爲可取。只是「迫，斯可見矣」，那是因一尊之來，至此已非「自以爲一尊」而來，故求不損其一己之尊者，亦儘可不「自以爲一尊」而拒。於此，實更爲尊與尊間相處之道，亦爲把一己之尊予以放平之道。

「脅肩諂笑」，自大不相同。那只是卑下。那已無「尊」之可言，無德之可說，故只是無骨。無骨乃自我否定，自我虐待，故「病於夏畦」，而只見其勞，只見其拙，只見其苦。

「未同而言，觀其色赧赧然」，亦大不相同。那只是自卑。那已只感對方之可尊，己方之可賤，故只是無氣。無氣乃自我抹殺，自我傷殘，故「非由之所知」，而只知其可悲，只知其可鄙，只知其小而可厭。

大抵無骨無氣，皆是由於無恥。而所以無恥，則皆是由於失其所養。君子於天下之達尊中，所居者自爲達德。故其所養，必知爲德邊事。而德之是否已修，道之是否已明，仁之是否已精，義之是否已熟，以及學之是否已講，則最可於出處之際驗之。

六

戴盈之曰：「什一，去關市之征，今茲未能，請輕之，以待來年然後已，何

如？」

孟子曰：「今有人日攘其鄰之雞者，或告之曰：『是非君子之道。』曰：『請損之，月攘一雞，以待來年然後已。』如知其非義，斯速已矣，何待來年？」

在此等處，知其非義，即須立斷，斷則立行。一有所待，他念即動，動念即乖。出處之際，亦復如是。

七

公都子曰：「外人皆稱夫子好辯，敢問何也？」

孟子曰：「予豈好辯哉？予不得已也。天下之生久矣，一治一亂。當堯之時，水逆行，氾濫於中國，蛇龍居之，民無所定，下者為巢，上者為營窟。《書》曰：『洚水警余。』洚水者，洪水也。使禹治之。禹掘地而注之海，驅蛇龍而放之菹。水由地中行，江淮河漢是也。險阻既遠，鳥獸之害人者消。然後人得平土而居之。堯舜既沒，聖人之道衰，暴君代作，壞宮室以為汙池，民無所安息，棄田以為園囿，使民不得衣食。邪說暴行又作。園囿、汙池、沛澤多而禽獸至。及紂之身，天下又大亂。周公相武王，誅紂伐奄，三年討其君，驅飛廉於海隅而戮之。滅國者五十，驅虎豹犀象而遠之。天下大悅。《書》曰：『不顯哉，文王謨。不承哉，武王烈。佑啟我後人，咸以正無缺。』世衰道微，邪說暴行有作，臣弒其君者有之，子弒其父者有之。孔子懼，作《春秋》。《春秋》，天子之事也。是故孔子曰：『知我者，其惟《春秋》乎？罪我者，其惟《春秋》乎？』聖王不作，諸侯放恣，處士橫議，楊朱墨翟之言盈天下，天下之言，不歸楊，則歸墨。楊氏為我，是無君也。墨氏兼愛，是無父也。無父無君，是禽獸也。公明儀曰：『庖有肥肉，廄有肥馬，民有飢色，野有餓莩，此率獸而食人也。』楊墨之道不息，孔子之道不著，是邪說誣民，充塞仁義也。仁義充塞，則率獸食人，人將相食。吾為此懼，閑先聖之道，距楊墨，放淫辭，邪說者不得作。作於其心，害於其事，作於其事，害於其政，聖人復起，不易吾言矣。昔者禹抑洪水而天下平。周公兼夷狄、驅猛獸而百姓寧。孔子成《春秋》，而亂臣賊子懼。《詩》云：『戎狄是膺，荊舒是懲，則莫我敢承。』無父無君，是周公所

膺也。我亦欲正人心，息邪說，距詖行，放淫辭，以承三聖者，豈好辯哉？予不得已也。能言距楊墨者，聖人之徒也。」

於此有一連串之問題，即：

1. 何以聖人之徒，必須距楊墨？
2. 何以楊氏爲我，竟至無君？
3. 何以墨氏兼愛，竟至無父？
4. 何以「楊墨之道不息，孔子之道不著，是邪說誣民，充塞仁義」？
5. 何以「仁義充塞，則率獸食人，人將相食」，其禍害甚於洪水猛獸？
6. 末了，何以天下會「一治一亂」？

孔子曰：「惟鳥獸不可與同群。吾非斯人之徒與而誰與？」人既必須爲「人之徒」，故即應爲「聖人之徒」。而志切於爲聖人之徒，則自當以「知言」爲持志上必不可或缺之一事。此在孟子之世，便必須距楊墨，方爲知言。知言不是好辯，故曰：「予豈好辯哉？」知言是情不容已，義不容已，故曰：「予不得已也。」

楊氏爲我，是只識其「多」，不識其「一」。無一即無一般性之可言。無一般性，即無一己精神之客觀化，亦無人群社會組織之可言，因亦無君爲其「一般性」之代表，故曰：「是無君也。」其「爲我」之精神，只是拆散，只是流走，只是放鬆。故極害義。惟在此等處，亦正可不必衡之以「是與不是」，而只須詢之以「安與不安」。如在性情之教上，不安於此說，則必認之爲「是無君也」。如此，一言即足，直截了當。此像是立言上之粗處，但亦正是持志上之「泰山巖巖」處，與夫知言上之「截斷眾流」處。

複雜裏的統一，或多裏的一，乃所以構成天地之美，但亦正所以構成人間之善。墨氏兼愛，是只識其「一」，不識其多，而其所識之一，既未觸及一裏的多，更未觸及多裏的一。其一種純質樸之心靈，竟全未予以發展，而形成一種封閉之狀態，因之生命乾涸，而性情偏枯。在其觀念上爲同路人於其親，但在其觀念之演變上，必至同其親於路人，而連其親亦加以「一般化」，認其爲「一般的」存在，實即消失的存在。故曰：「是無父也」。其精神只是刻劃，只是平鋪，只是膠固，故甚賊仁。其愛無差等，自不會是一本萬殊，此實無由推擴，故結果所至，必使天地閉，而不足以言天地之美；必使賢人隱，而不足以言人間之善。此在性情之教上，又何能安？故直斥之爲「無父」，亦正是一泰山巖巖之語氣，亦正是一截斷眾流之手法。

喪亂之世，人皆易見其歷史文化傳統之流弊，故亦多樂其歷史文化傳統之拆散，此正與楊氏「爲我」之拆散精神相應。由歷史文化傳統之拆散，繼以歷史文化意識之蕩然，此則與楊氏「爲我」之流走精神相成。由歷史文化精神之蕩然，繼之以歷史文化生命之軟弱，此更與楊氏爲我之放鬆精神相合。凡此皆楊氏之說，所以「盈天下」之故。其勢之所至，必將動搖歷史文化之本根，而斬斷歷史文化之生命，以使國家民族陷於萬劫不復之境，故其害義，實屬大極。

喪亂之世，人皆搖擺不能定，既無由獲其生命之興發，即無由「興」；亦無由獲其心靈之凸顯，即無由立；更無由獲其性情之完成，即無由成。於此之際，一不安於拆散，流失與放鬆，便即一反楊氏爲我之說，而形成另一極端，另一反動，不惜刻劃一切，平鋪一切，膠固一切，以成其觀念上之「一」。此即墨氏兼愛之說，所以「盈天下」之故，其勢之所趨，必將否定一切之意義與價值而後已，並不復認人有關於歷史與文化，以及歷史文化有關於個人國家與民族。故其賊仁，實屬無比。

在此害義賊仁之兩大反動和兩極端間，欲正面顯出孔子之道，亦即仁義之道，亦即性情之教，便不能不先有其一種遮撥與掃蕩之功夫，以息楊墨。否則便是「楊墨之道不息，孔子之道不著」，而一任「邪說誣民，充塞仁義」。於此，一方面是從事一大歷史文化上優良傳統之維護，一方面也正是從事一大歷史文化上優良傳統之發揚，以使「其命維新」，其邦永固，其人永存。

人類之所以難以永存，而有其「末日」，那只是由於「人將相食」。洪水不曾絕滅人類，猛獸也不曾絕滅人類，而率獸食人，亦終不致食盡人類。惟人若相食，則必歸絕滅，必同歸於盡。而人之所以相食，則由於仁義充塞。仁義充塞，則人性消亡。人性消亡，則人之相食，即獸之相食，其禍害自甚於洪水猛獸。

正面顯出之道，總難有其一直之顯出。於此所構成之優良傳統，總難免有其弊端。其間有時代上的外在因素，亦儘有其人性上的內在因素，此即所謂「時之否塞」與「人心之不古」。而「時之否塞」，亦正因時代之前進；「人心之不古」，亦正因生命之創新。由此而否極必泰，剝極必復，由歷史文化傳統上之弊端革除，遂更見出歷史文化傳統上之優良一面。從而貞下起元，一亂之後，又是一治。惟一治之後，由於內外在之種種因素，又可見其弊端，有其一亂。此天下之所以「一治一亂」。於此而見其終「由亂而治」，則是天地之無憂。於此而見其終「由治而亂」，則是聖人之有憂。在此無憂與有憂之間，「時行則行，時止則止」，一個人的出處之力，自亦只能如此。惟「正人心，息邪說，距詖行，放淫辭，以承三聖」，而擔當歷史文化之一大使命，則應無間於行藏。

八

匡章曰：「陳仲子豈不誠廉士哉？居於陵，三日不食，耳無聞，目無見也。井上有李，螬食實者過半矣。匍匐往，將食之，三咽，然後耳有聞，目有見。」

孟子曰：「於齊國之士，吾必以仲子為巨擘焉。雖然，仲子惡能廉？充仲子之操，則蚓而後可者也。夫蚓，上食槁壤，下飲黃泉。仲子所居之室，伯夷之所築與？抑亦盜跖之所築與？所食之粟，伯夷之所樹與？抑亦盜跖之所樹與？是未可知也。」

曰：「是何傷哉？彼身織屨，妻辟纑，以易之也。」

曰：「仲子，齊之世家也。兄戴，蓋祿萬鍾。以兄之祿為不義之祿而不食也；以兄之室為不義之室而不居也。辟兄離母，處於於陵。他日歸，則有饋其兄生鵝者，己頻顣曰：『惡用是鶃鶃者為哉？』他日其母殺是鵝也，與之食之。其兄自外至，曰：『是鶃鶃之肉也。』出而哇之。以母則不食，以妻則食之。以兄之室則弗居，以於陵則居之。是尚為能充其類也乎？若仲子者，蚓而後充其操者也。」

充其類，乃一己精神之客觀化。充其操，乃一己精神之絕對化。此在個人的出處上，只有「得志與民由之」，方能眞充其類，而表現其客觀精神；只有「不得志獨行其道」，方能眞充其操，而表現其絕對精神。

一個人的廉，乃由於一個人的清；一個人的清，乃由於一個人的仁。伯夷的廉，乃由於伯夷的清，而伯夷的清，亦復有賴於伯夷的「不念舊惡，怨是用希」。

以此之故，一個人的廉，有義在，亦有禮存。以言大廉，則一方面要「清明在躬」，另一方面又要「純亦不已」。那是一種人欲清除之相，那亦是一種天理流暢之相。在那裏，會儘有其一個人的心靈透澈；在那裏，會儘有其一個人的生命乾淨；在那裏，會儘有其一個人的性情朗爽。

孟子曰：

「伯夷非其君不事，非其友不友，不立於惡人之朝，不與惡人言。立於惡人之朝，與惡人言，如以朝衣朝冠坐於塗炭。推惡惡之心，思與鄉人立，其冠不正，望望然去之，若將浼焉。是故諸侯雖有善其辭命而至者，不受也。不受也者，是亦不屑就已。」

那是伯夷的「隘」，但亦正是作夷的大廉。孟子又曰：

「柳下惠不羞汙君，不卑小官，進不隱賢，必以其道。遺佚而不怨，阨窮而不憫。故曰：『爾爲爾，我爲我，雖袒裼裸裎於我側，爾焉能浼我哉』？故由由然與之偕而不自失焉，援而止之而止。援而止之而止者，是亦不屑去已。」

那是柳下惠的「不恭」。但這「不恭」，亦正是大廉。惟「隘與不恭，君子不由」，其所以如是之故，則由義之與禮。隘是由於義之不廣，不恭是由於禮之欠周。但雖如此，此隘與不恭，亦終不失其「清明在躬」與「純亦不已」，而儘有其一已精神之客觀化與絕對化。故一以其大廉而成爲聖之清，一以其大廉而成爲聖之和。於此，和之與清，正是一種精神之兩面，故和亦是清。

只是一個人的清，如佐以一個人的大仁，則「肫肫其仁，淵淵其淵，浩浩其天」，其氣象自又不同，其廉亦復兩樣。那可以因其心安理得，而在出處上，儘不妨從心所欲。那可以因其天清地寧，而在出處上，儘不妨與時偕行。在那裏，整個是廉，亦復整個是義，整個是禮，因而整個是仁。在那裏，會有其大明；在那裏，會有其純一。

只有在那裏，方可以眞正充其類。只有在那裏，方可以眞正充其操。

本此以言陳仲子之廉，那只是小。小廉有時亦儘可有害於義，小廉有時亦儘可有妨於禮。這不足以言一己精神之客觀化，這亦不足以言一己精神之絕對化。這不會是一個人眞正應有的出處之士。那只是拘泥。故曰：「蚓而後可也。」

第七講　傳統之路：歷史與文化之使命之擔承（一）——離婁章　上

一

孟子曰：「離婁之明，公輸子之巧，不以規矩，不能成方圓。師曠之聰，不以六律，不能正五音。堯舜之道，不以仁政，不能平治天下。今有仁心仁聞而民不被其澤，不可法於後世者，不行先王之道也。故曰：『徒善不足以為政，徒法不能以自行。』《詩》云：『不愆不忘，率由舊章。』遵先生之法而過者，未之有也。聖人既竭目力焉，繼之以規矩準繩，以為方圓平直，不可勝用也。既竭耳力焉，繼之以六律，正五音，不可勝用也。既竭心思焉，繼之以不忍人之

政，而仁覆天下矣。故曰：『為高必因丘陵，為下必因川澤。』為政不因先王之道，可謂智乎？是以惟仁者宜在高位。不仁而在高位，是播其惡於眾也。上無道揆也，下無法守也，朝不信道，工不信度，君子犯義，小人犯刑，國之所存者幸也。故曰：『城郭不完，兵甲不多，非國之災也；田野不辟，貨財不聚，非國之害也』。上無禮，下無學，賊民興，喪無日矣。《詩》曰：『天之方蹶，無然泄泄。』泄泄，猶沓沓也。事君無義，進退無禮，言則非先王之道者，猶沓沓也。故曰：責難於君謂之恭，陳善閉邪謂之敬，吾君不能謂之賊。」

政治的本質是眞理，不是暴力，此因人皆不安於暴力，而政治上的暴力，總須假借政治上的眞理，以作其政治上的號召，方可遂其政治上的企圖。

但何以人皆不安於暴力，而竟時時屈於暴力之下，並任政治的眞理爲其假借，作爲號召，以使政治改變其本質？

於此，就分明顯出了政治的本質固是眞理，但此政治的眞理，卻儘有其一大陰影；從而也分明顯出了人性的本質是至善，但此人性的至善，卻儘有其一大陰影。

而欲免去此一大陰影的籠罩所由形成之一大悲劇的繼續，則仍只有賴於對一大光明之因襲，所由形成之一大光明的傳統。

在人性至善上，其所偕來的一大陰影，是所謂人性的「撒旦」的陰影；在政治的眞理上，其所偕來的一大陰影，是所謂「政治的神話」的陰影。只有由人性的「四端」的引伸而來的光明，方可去除人性的撒旦的陰影；只有由政治的理性的運用而來的光明，方可去除政治的神話的陰影。

由人性的四端引伸而來的光明的因襲，所積累而成的是一個光明的文化的傳統。由政治的理性運用而來的光明的因襲，所推動而成的是一個光明的歷史的傳統。

在我國，歷史文化的傳統，會儘是一大光明的傳統。在那裏，會儘有其一大「不忍人」之心的傳統。在那裏，會儘有其一大「仁政」的傳統。這就是所謂「先王之道」。

此「先王之道」，是歷史文化的「規矩」，亦即政治的「規矩」；是歷史文化的「六律」，亦即政治的「六律」；是歷史文化的憲章，亦即政治的憲法。而此一憲法憲章，由聖人意其心思，從事政治的理性的運用，以「不忍人之心，行不忍人之政」，而讓生命生產與性情，皆獲其安頓，以使政治成爲性情的政治，人間成爲性情的人間，天下成爲性情的天下，即「仁覆天下」，那眞是「惟精惟一，允執厥中」，成之至難，「不可勝用」。於此，而「不愆不忘，率由舊章」，那眞是歷史文化的一大智慧，那眞是國家政治的一大智慧。故曰：

「爲政不因先王之道，可謂智乎？」

只有有其光明的傳統，方能有其光明的前途，因此之故，繼往正所以開來，而保守亦正所以革新。所謂「周雖舊邦，其命維新」，那就是因爲：對一大光明的傳統而言，周確實是我們的舊邦；對一大光明的前途而言，周永遠是我們的新國。於此，我們保守了一個「周」，我們才有了我們的「漢」；我們保守了一個「漢」，我們才有了我們的「唐」。由此，我們保守了我們的大唐，就會有了我們的宋明；我們保守了我們的宋明，就會有了我們的眞正的民國。

就此而論，我們必須保守一大光明的傳統，方不至「上無道揆，下無法守」；方不至「朝不信道，工不信度」；方不至「君子犯義，小人犯刑」。從而方能開創其一大光明的前途。否則，便是「國之所存者幸也」。

於此，「保守」正是政治的理性之一大運用，必由此而立大方向，方不致「上無禮」，而有其歷史文化的規範；方不致「下無學」，而有其歷史文化的遺產；方不致「賊民興」，而有其歷史文人之制裁。並從而有其歷史文化之尊嚴以及政治之尊嚴。否則，便是「天之方蹶，無然泄泄」。此實不可不知所向。

但當爲政者不知所向，或者甚至走上相反之方向，又將如何？到此地步，那便是「不仁而在高位」。不仁者高居政治之上層，會儘可以不顧歷史文化之規範，不要歷史文化之遺產，不受歷史文化之制裁，從而以歷史文化爲敵，以政治爲「惡」（所謂政治乃必要之惡）。這便是所謂「是播其惡於衆也」。

因此之故，在一大光明傳統之一大保守方向上，在一大政治理性之一大運用方式下，便儘會有其一大迫切之要求，此即：

「惟仁者，宜在高位。」

惟如何能使仁者在高位？此則有人事，亦有天命。然於此自不能委之天命，且「天視自我民視，天聽自我民聽……」，天亦終落到「民」上，於此，如何引民而上，即純爲人事，而引民爲主，則爲一大政事。

又當仁者終不易得，究將如何？彼在仁與不仁之間者，亦儘可在高位，又將如何？此則仍須基於政治保守之意義與政治理性之運用，而大有事在。此即所謂「責難於君謂之恭，陳善閉邪謂之敬，吾君不能謂之賊」。此恭敬之義，亦是一大政治之義。

二

孟子曰：「規矩，方圓之至也。聖人，人倫之至也。欲為君盡君道，欲為臣盡臣道。二者皆法堯舜而已矣。不以舜之所以事堯事君，不敬其君者也。不以堯之所以治民治民，賊其民者也。孔子曰：『道二，仁與不仁而已矣。』暴其民甚，則身弒國亡。不甚，則身危國削，名之曰『幽厲』。雖孝子慈孫，百世不能改也。《詩》云：『殷鑒不遠，在夏后之世。』此之謂也。」

在歷史文化上，須有其光明的傳統，方有其光明的方向；在政治上，亦須有其光明的傳統，方有其光明的方向。

惟於此，有其光明的方向，更須有其光明的典型；而光明的典型，則又有賴於古典之精神，與夫光明的理性。

此在我國，堯舜就是光明的傳統的典型；而堯舜之道，就是一大古典的精神與理性所形成之道。欲爲方圓，必循規矩；這循規矩，就是一種古典的精神與理性。欲爲聖人，必盡人倫；這盡人倫，亦是一種古典的精神與理性。於此，堯舜在盡人倫上，成了光明的典型。而在政治的傳統上，那是「欲爲君盡君道，欲爲臣盡臣道」的光明的典型。那對政治的古典精神的發揚，是一個極則，而對政治的理性的發揮，則形成了一個法則。故曰：「二者皆法堯舜而已矣。」

於此，「法堯舜」所涵蘊之一大意義，即爲：在政治上，爲了一大光明的傳統之維護及一大光明的方向之遵從，必須有其光明的典型以爲法，並須以其古典的精神與政治的理性以爲準。由此，而將政治之道，截然劃分爲二，即仁與不仁。在仁之一邊者爲堯舜爲文武，在不仁之一邊者爲桀紂爲幽厲。劃分之後，繼以諡法，使百世不能改，以作成歷史之殷鑒，而更發揮了歷史文化之一大作用。

所謂「殷鑒不遠，在夏后之世」，這對踏上傳統的路而言，亦正是一大光明的指點。

三

孟子曰：「三代之得天下也以仁，其失天下也以不仁。國之所以廢興存亡者亦然。天子不仁，不保四海。諸侯不仁，不保社稷。卿大夫不仁，不保宗廟。士庶人不仁，不保四體。今惡死亡而樂不仁，是猶惡醉而強酒。」

這一「仁」的指點，更是一大光明的指點，由此而形成一大光明的路徑，由此而形成一大歷史文化的路數，更由此而形成了一條自天子以至庶人所必經必由之路向。這是傳統之路，這是性情之路，這亦是生存之路。而反此傳統之路，則爲反性情之路，則爲死亡之路。故曰：「今惡死亡而樂不仁，是猶惡醉而強酒。」

爲此當知，傳統之力量，不可思議；性情之力量，不可思議，生存之力量，不可思議。只要一切是光明的，暴力的陰影，終不足以敵光明。

四

孟子曰：「愛人不親，反其仁；治人不治，反其智；禮人不答，反其敬。行有不得者，皆反求諸己。其身正而天下歸之。《詩》云：『永言配命，自求多福。』」

這是一大扭轉。這扭轉了一己，這亦扭轉了乾坤。這是自己作主，這不僅僅是「左右了一己，就左右了一個世界」（蘇格拉底語）。

惟自己作主，方能反其仁，反其智，反其敬。惟自己作主，方能反求諸己。這一「反求」，是一傳統的路，亦是一無窮無盡之過程。只有在那裏，會有其無限；只有在那裏，會有其永恆。此所以「主體性是眞理」，此所以「自求多福」。

五

孟子曰：「人有恆言，皆曰『天下國家』。天下之本在國，國之本在家，家之本在身。」

身是個體。那一方面是有血有肉的個體，並是一無限的複合體；那一方面也正是光明的個體，並爲一光明的傳統的個體。那是由一般的到獨特的個體，那是由一切決定一的個體。由此之故，個體會就是光體，就是光明的傳統的個體，又會形成光明的傳統。而由一般的到獨特的個體，也終須回到一般的，同時由一切決定一的個體，也轉而可以決定一切。所以又不僅僅是有血有肉的個體，所以又不僅僅是一無限的複合體。必須如此，這一「身」，方有其無限性、永恆性和主體性。

但這「身」必須層層通過家國天下，先成爲家庭個體，再成爲國家個體，最後成爲天下個體，方能免於成一平面個體。

由個體的平面化，進到個體的觀念化，從而抹殺個體、個性，與夫由個體個性而來之意義和價值，以及其所由形成的家庭和國家，而只留下一空虛空洞之天下，此則必須以暴力塡補其空虛，以罪惡堵塞其空洞。此天下無本之禍，以及「本」不層層落實之禍，所以爲至大。

六

孟子曰：「為政不難，不得罪於巨室。巨室之所慕，一國慕之。一國之所慕，天下慕之。故沛然德教溢乎四海。」

這只是從德教上說。所謂巨室，乃眾多個體的集合體。而此集合體之所以能有力量，以使「一國慕之」，實亦因其在當時當地，未始不可以作一光明的典型。於此而不得罪，即所以重視此光明之典型。

七

孟子曰：「天下有道，小德役大德，小賢役大賢。天下無道，小役大，弱役強。斯二者天也。順天者存，逆天者亡。齊景公曰：『既不能令，又不受命，是絕物也。』涕出而女於吳。今也小國師大國而恥受命焉，是猶弟子而恥受命於先師也。如恥之，莫若師文王。師文王，大國五年，小國七年，必為政於天下矣。《詩》云：『商之孫子，其麗不億；上帝既命，侯於周服。侯服於周，天命靡常；殷士膚敏，祼將於京。』孔子曰：『仁，不可為眾也。』夫國君好仁，天下無敵。今也欲無敵於天下而不以仁，是猶執熱而不以濯也。《詩》云：『誰能執熱，逝不以濯？』」

「小德役大德，小賢役大賢」，是一個理性的原則，這是人文世界裏的原則。

「小役大，弱役強」，是一個力的原則，這是自然世界裏的原則。

天下有道，則人文世界裏的原則凸顯，歷史文化之傳統的力量凸顯。而憑此力量，即可別開自然世界裏的原則，以德爲準。

天下無道，則自然世界裏的原則凸顯，至此，人雖為歷史文化之動物，但亦未能憑其歷史文化之力量，而只能以力為準。

於此而平觀之，則兩者皆是眞理，故曰：「二者皆天也」。那是眞理之分屬於兩個世界，人必於此，服從其一以圖存。故曰：「順天者存，逆天者亡。」

惟人於此，終有其選擇之自由，終有其意志之自由，終有其為仁由己之自由。由此而再憑一大歷史文化之光明的傳統，及由其所生出之一大理性的力量，以重新凸顯人文世界裏的原則，而使其一己亦能成一光明之典型，以「為政於天下」，這便是所謂「師文王」。

「師文王」，是師文王以仁。「國君好仁，天下無敵」，那是一個人文世界，終必會駕乎自然世界之上，而有其支配與主宰之力量。

八

孟子曰：「不仁者，可與言哉？安其危而利其菑，樂其所以亡者。不仁而可與言，則何亡國敗家之有？有孺子歌曰：『滄浪之水清兮，可以濯我纓。滄浪之水濁兮，可以濯我足。』孔子曰：『小子聽之：清斯濯纓，濁斯濯足矣。自取之

也。』夫人必自侮，然後人侮之。家必自毀，而後人毀之。國必自伐，而後人伐之。《太甲》曰：『天作孽，猶可違；自作孽，不可活。』此之謂也。」

仁是理性的路，不仁是非理性的路。理性的路，是自成的路；非理性的路，是自毀的路。由前而言，那是生生之路；由後而言，那是滅亡的路。

理性的路，在我國，有其光明的歷史文化的傳統，由此，即可憑其無比的歷史文化之傳統的力量，以自成，並可以其自成之累積，以續成歷史文化之光明的傳統，以成物，而生生不已。

反之，非理性的路，則只有自毀之道，因而招致自毀之勢，而獲自毀之果。在那裏，只有心靈的自我陷溺；在那裏，只有生命的自我摧殘；在那裏，只有性情的自我消失。由此而身毀，由此而家敗，由此而國亡。在那裏，由自侮到人侮，由自毀到人毀，由自伐到人伐，總是一直的路，總是一直的滅亡之路。至此，反以危為安，反以菑為利，反以亡為樂，實不可與言，故曰：「不仁者，可與言哉？」此乃因不仁者已走上一非理性的路。

仁者的理性的路，亦可以「不成」，但「天作孽，猶可違」，那「不成」是外在的，這總是可以彌補的。

而不仁者的非理性的路，則不可不毀，那是「自作孽，不可活」，那「不可不毀」，是內在的，是無由彌補的。

九

孟子曰：「桀紂之失天下也，失其民也。失其民者，失其心也。得天下有道，得其民，斯得天下矣。得其民有道，得其心，斯得民矣。得其心有道，所欲與之聚之，所惡勿施爾也。民之歸仁也，猶水之就下，獸之走壙也。故為淵敺魚者，獺也。為叢敺爵者，鸇也。為湯武敺民者，桀與紂也。今天下之君，有好仁者，則諸侯皆為之敺矣。雖欲無王，不可得已。今之欲王者，猶七年之病求三年之艾也。苟為不畜，終身不得；苟不志於仁，終身憂辱，以陷於死亡。《詩》云：『其何能淑？載胥及溺。』此之謂也。」

這在我國歷史文化上，是一個政權更迭的傳統的路。於此，有無數政權的倒下，於此亦有無數政權的興起。而這倒下與興起，則皆由於民心之去與留。民心一去，即大勢一去。民心一存，即大勢仍存。

所謂民心一去，即民之所欲落空。而民之所欲，則爲仁。

所謂大勢一去，即歷史文化傳統的力量，與之相違。而構我歷史文化之光明的傳統，亦即此仁。

民心之存與大勢之存，亦復如是。

惟於仁，「仁」只有仁之施與，只有仁之下被，而乏其仁之自發，與夫仁之上長。因此之故，「民」在我國歷代政權之更迭上，亦始終只有消極的作用，而乏其積極的作用。

如何而能使「民」在政權的更迭上，有其積極的作用？這實是一大歷史的課題。於此，問題的解決，仍只能置於人民的興發，人民的站立與人民的成長之上。

而欲人民眞正興於詩，立於禮，成於樂，則又必須人人眞能接上一歷史文化之光明的傳統，開出一歷史文化之光明的前途，以實際做出此歷史文化之光明的事業來。

時至今日，「苟不志於仁」，苟不志於此，那便是所謂「其何能淑？載胥及溺！」這是儘有其問題的嚴重性的。

十

孟子曰：「自暴者，不可與有言也。自棄者，不可與有為也。言非禮義，謂之自暴也。吾身不能居仁由義，謂之自棄也。仁，人之安宅也。義，人之正路也。曠安宅而弗居，捨正路而不由，哀哉！」

人終有其向上一機，歷史文化終有其向上一機。於此言非禮義，即暴其向上一機。於此，身棄仁義，即棄其向上一機。

人終有其向上一機，那是求一個「安」。這「安」可以構成一個人的內心的諧和，而有其完成。

歷史文化終有其向上一機，那是求一個「是」。這「是」可以形成一個歷史文化的光明的傳統，而有其實質。

因此之故，「曠安宅而弗居」，即無「寧」處。無寧處，即幻滅，即痲木。

因此之故，「捨正路而不由」，即無「是」處。無「是」處，即空虛，即邪曲。

如此即機亡而心死，故曰：「哀哉！」

十一

孟子曰：「道在爾而求諸遠；事在易而求諸難。人人親其親、長其長而天下平。」

「親其親」，則俯仰泯古今爲一，而永恆不朽，遂不復有時間相。「長其長」，則「上下與天地同流」，而無窮無限，遂不復有空間相。無時間相，則「無待」。無待，則心心相印，而整個是諧和，整個是樂。無空間相，則「無對」。無對，則心心相通，而整個是秩序，整個是禮。以此而言歷史文化的傳統，便是一大禮樂的傳統。把天下套入此一大禮樂之傳統中，天下自平。其道至爾，其事至易。

十二

孟子曰：「居下位而不獲於上，民不可得而治也。獲於上有道，不信於友，

弗獲於上矣。信於友有道，事親弗悅，弗信於友矣。悅親有道，反身不誠，不悅於親矣。誠身有道，不明乎善，不誠其身矣。是故誠者，天之道也。思誠者，人之道也。至誠而不動者，未之有也。不誠，未有能動者也。」

於此，思誠則明善，明善則身誠，身誠則親悅，親悅則友信，友信則上獲，上獲則民治而平天下，動天地，故曰：「至誠而不動者，未之有也。」

因此之故，至誠就是至性，至性就是至情，至情就是至善，至善就是至神，至神則直上直下，動地動天。

十三

孟子曰：「伯夷辟紂，居北海之濱，聞文王作，興曰：『盍歸乎來？吾聞西伯善養老者。』太公辟紂，居東海之濱，聞文王作，興曰：「盍歸乎來？吾聞西伯善養老者。」二老者，天下之大老也。而歸之，是天下之父歸之也。天下之父歸之，其子焉往？諸侯有行文王之政者，七年之內，必為政於天下矣。」

只「善養老」，就老者安，少者懷，而朋友信。於此，便儘有其一大心靈的澈底顯發，便儘有其一大生命的澈底安頓，便儘有其一大性情的澈底滲透，從而儘有其一個人的眞正完成，一個國家的眞正完成，以至一個天下的眞正完成。因此之故，孔子的「老安少懷朋友信」，是天地氣象；而文王的「善養老」，則是天地規模。

就生命的本身而言，由孩提之狀而少而壯而老，那正是由點而線而面而體。以此而言人類的文化，那便只有「善養老」的文化，方是「立體」的文化，而不是平面的文化。以此而言人類的歷史，那亦只有「善養老」的歷史，方是有其「光體」和「體統」的歷史，而不是那「無明」和「無統」的歷史。

十四

孟子曰：「存乎人者，莫良於眸子，眸子不能掩其惡。胸中正，眸子瞭焉。胸中不正，眸子眊焉。聽其言也，觀其眸子，人焉廋哉？」

說兩眼是「靈魂的窗戶」，便儘可說：眸子是性情的天空。在那裏會儘有「日月星辰繫焉」；在那裏會儘有「四時行焉，百物生焉」；在那裏更儘會是「天下何思何慮？萬物同歸而殊途，一致而百慮，天下何思何慮」？故只須見其性情，胸中即正，而「眸子瞭焉」。惟性情亦終有其性情的傳統。

十五

公孫丑曰：「君子之不教子，何也？」

孟子曰：「勢不行也。教者必以正，以正不行，繼之以怒。繼之以怒，則反夷矣。夫子教我以正，夫子未出於正也，則是父子相夷也。父子相夷，則惡矣。古者易子而教之，父子之間不責善。責善則離，離則不祥莫大焉。」

「眞善」是生命的客觀化，而父子之間，則只是主觀的恩情。此則不應加以客觀化，而加以客觀化，亦有所不能。故曰：「勢不行也。」

只是「愛之能勿勞乎？忠焉能勿誨乎？」父子之間，又何能免？且恩情愈重，而責善之心亦愈切，此在性情之際，實至易膠著。必放下、放鬆、放開而後可，故必「易子而教」。

易子而教，則主觀的絕對精神與客觀精神便各獲其位，齊得其所歸。亦即在性情之際，大有其分寸，而接上一性情之傳統。

十六

孟子曰：「事孰為大？事親為大。守孰為大？守身為大。不失其身而能事其親者，吾聞之矣。失其身而能事其親者，吾未之聞也。孰不為事？事親，事之本也，孰不為守？守身，守之本也。曾子養曾皙，必有酒肉。將徹，必請所與。問有餘，必曰有。曾皙死，曾元養曾子，必為酒肉。將徹，不請所與。問有餘，曰亡矣。將以復進也。此所謂養口體者也。若曾子，則可謂養志也。事親若曾子者，可也。」

於此，必眞正能以「事親爲大」，而養其志，方可以言「大義滅親」；必眞正能以「守身爲大」，而持其志，方可以言「殺身成仁」。

若徒言大義滅親，則滅親斷非大義，且必終成大惡。豈可輕起其念？

若徒言殺身成仁，則殺身正自賊仁，且必終成大惑。豈可亂生其心？若眞爲大義，則滅親正所以大其事親之義，而滅後復活之親，正爲永恆不朽之親。養志即莫大於此。然此究爲變道的事。在性情之教上，終只能首言其常。若眞爲成仁，則殺身正所以大其守身之道，而以身殉道之身，正爲道成肉身之身。持志即莫甚於此。然此究爲無道時事，在性情之教上，終只能姑言其有。

似此等事，欲求明辨，自必須有其歷史文化上之光明的傳統，足資依據；並須有其歷史文化之光明的典型，足資指點。如眞能了然於一大歷史文化之使命的擔承，則於事親守身之義，即無差錯。

十七

孟子曰：「人不足與適也，政不足間也。惟大人為能格君心之非。君仁莫不仁，君義莫不義，君正莫不正，一君正而國定矣。」

政治的關鍵，在政治的首腦。而政治首腦行政的關鍵，則在政治首腦所具的心腸。在政治上，能直從此政治首腦的心腸上說話，自爲「大人」。於此，心腸好，則一切好；心腸對，則一切對；心腸正，則一切正。當亦爲理之常。而就一一的事上說，即說不勝說。

十八

孟子曰：「有不虞之譽，有求全之毀。」

此因毀譽無實質，並無關於一個人的實踐。而且，一不介意於此個人的毀譽，正所以看出個人的實踐的工夫。惟歷史文化上的毀譽，則儘有其實質，儘有關於一個人的實踐，故「君子疾沒世而名不稱焉」。

十九

孟子曰：「人之易其言也，無責耳矣。」

易其言，即不知其言；不知其言，即不知其志；不知其志，即不知其仁。這談不上實踐，故「無責耳矣」。如眞有其一大歷史文化之使命的擔承，又何至有其言之易？

二〇

孟子曰：「人之患，在好為人師。」

惟學而不厭，始誨人不倦；而誨人不倦以至爲人之師，亦終爲心之不容已，當非其情之所好。若好爲人師，則不學；不學則不能「時習而悅」；不「時習而悅」，則老而衰。此乃大患。

二一

孟子曰：「不孝有三，無後為大。舜不告而娶，為無後也。君子以為猶告也。」

此因我所從來之一生命之流，自我而斬，故至不安。舜不告而娶，在求其安。而有其安，即有其「是」，故「君子以爲猶告也」。

惟歷史文化之大流，能自我而續，斯一生命之大流，亦即自我而續，則「朝聞道，夕死可矣」，便爲大孝，便是至安。

二二

孟子曰：「仁之實，事親是也。義之實，從兄是也。智之實，知斯二者弗去是也。禮之實，節文斯二者是也。樂之實，樂斯二者。樂則生矣，生則惡可已也。惡可已，則不知足之蹈之，手之舞之。」

這是從本根上說，這是從源頭上說。但亦只有從本根源頭上說，方是第一義。由此而萬紫千紅，由此而汪洋大海，便只見「雷雨之動」，便只見道之浩浩。

二三

孟子曰：「天下大悅而將歸己，視天下悅而歸己，猶草芥也，惟舜為然。不得乎親，不可以為人；不順乎親，不可以為子。舜盡事親之道而瞽瞍厎豫。瞽瞍厎豫而天下化。瞽瞍厎豫而天下之為父子者定，此之謂大孝。」

倫常有虧，即性天有虧。性天有虧，則爲人爲子之情，即自容無地。以此而視天下悅而歸己，終無關於此性天與情地。故曰：「猶草芥也。」但這只能從大性情說，故「惟舜爲然」。

由此大性情而來之大實踐，是「舜盡事親之道，而瞽瞍厎豫」。

一到「瞽瞍厎豫」，即倫常不復有虧。

一到倫常不復有虧，即依舊是一大性天與情地。

而在此性情的孝的天地中，便「天下自化」，而有其性情的人間，孝的人間。

而在此性情的孝的人間裏，便「父子自定」，而有其性情的傳統，孝的傳統。

舜以其「盡事親之道」而「得乎親」，「順乎親」，以重奠其性情的孝的天地，重振其性情的孝的人間，重定其性情的孝的傳統，這實已將其一己所從來之生命之流，與由一大歷史文化使命之擔承而來之生命大流合而爲一，並使其永存永續，以歸於無限，歸於永恆，故曰：

「此之謂大孝。」

第八講 傳統之路：歷史與文化之使命之擔承（二）——離婁章 下

一

孟子曰：「舜生於諸馮，遷於負夏，卒於鳴條，東夷之人也。文王生於岐周，卒於畢郢，西夷之人也。地之相去也，千有餘里；世之相後也，千有餘歲。得志行乎中國，若合符節。先聖後聖，其揆一也。」

這都是各本其政治的理性以施政，因之，時無間於先後，地無間於遠近，結果竟像是一模一樣。由此而形成一政治的傳統，這其實就是政治的理性的傳統。亦由此而形成一性情的傳統，這就是道德的理性的傳統。由此等傳統，合而形成一大歷史文化之光明的傳統，這便奠定了我國家民族萬世不拔之基。因此，國家民族之有先聖後聖，實乃一至大無比之事體；國家民族之有詩書經典，實爲一至大無比之寶藏。於此所謂東夷西夷，都只是地理上的說法。

二

子產聽鄭國之政，以其乘輿，濟人於溱洧，孟子曰：「惠而不知為政，歲十一月徒杠成，十二月輿梁成，民未病涉也。君子平其政，行辟人可也。焉得人人而濟之？故為政者，每人而悅之，日亦不足矣。」

以惠爲政，有其兩大差異：其一爲「苟存心於濟物，則於物必有所濟」之惠；其另一爲「以狐媚取天下」之惠。以此另一之惠以爲政，乃一切政治的神話的根源，其所造成者，自會是政治的大盜。惟爲政有體，苟存心於濟物，而又知爲政之體，則於物必更有所濟。

三

孟子告齊宣王曰：「君之視臣如手足，則臣視君如腹心；君之視臣如犬馬，則臣視君如國人；君之視臣如土芥，則臣視君如寇讎。」王曰：「禮，為舊君有服。何如斯可為服矣？」曰：「諫行言聽，膏澤下於民；有故而去，則君使人導之出疆，又先於其所往；去三年不反，然後收其田里。此之謂三有禮焉。如此則為之服矣。今也為臣，諫則不行，言則不聽，膏澤不下於民；有故而去，則君搏執之，又極之於其所往。去之日，遂收其田里。此之謂寇讎。寇讎何服之有？」

於此，總須得以性情接觸著性情，否則，便一切無話可說。

四

孟子曰：「無罪而殺士，則大夫可以去。無罪而戮民，則士可以徙。」

此乃因爭已無用，爭已無益，故只好去，故只好徙。

五

孟子曰：「君仁莫不仁，君義莫不義。」

這正是爲君之難，爲上之不易，以及對一大性情的傳統，有其更重且大之使命的擔承。於此若君不仁不義，即人人可得而去之，亦人人可得而誅之，固無所怨。

六

孟子曰：「非禮之禮，非義之義，大人弗為。」

有率天下以仁之禮，有率天下以仁之義，那是性情中的禮，那是性情中的義。於此禮義一本性情，禮即是禮，義即是義。

有率天下以暴之禮，有率天下以暴之義。那是乖於性情之禮，那是乖於性情之義。於此禮義一反性情，便是非禮之禮，非義之義。

在一大性情的傳統上，大人只以性情之教，為禮義之準繩。

七

孟子曰：「中也養不中，才也養不才，故人樂有賢父兄也。如中也棄不中，才也棄不才，則賢不肖之相去，其間不能以寸。」

「中也養不中」，須有其性情之深厚；「才也養不才」，須有其性情的開朗。於此一不開朗則吝而棄不才，於此一不深厚則驕而棄不中。當知雖有周公之才之美，使驕且吝，亦不足觀。又何況為人父兄？

八

孟子曰：「人有不為也，而後可以有為。」

「人有不爲」是對一己的限定；有對一己的限定，方可以有對一己的肯定；有對一己的肯定，方是「貞固足以幹事」，而「可以有爲」。

九

孟子曰：「言人之不善，當如後患何？」

在性情之際，此言人之不善，實非性情之直，而只爲性情之失其約束，而只爲性情之汎濫，即所謂「情識而肆」。其患無窮。

十

孟子曰：「仲尼不為已甚者也。」

「不爲已甚」是性情之中。性情之中，是性情之貞。性情之貞，是性情之博厚。「不爲已甚」，是性情之純。性情之純，是性情之一。性情之一，是性情之高明。到這裏，「不爲已甚」，便只是天高地厚。

十一

孟子曰：「大人者，言不必信，行不必果，惟義所在。」

此乃因義之所在，大信即立；而行之果，自在意中。這從性情上言，這亦從氣概上說。總之，是大人，就不應小模樣。

十二

孟子曰：「大人者，不失其赤子之心者也。」

惟赤子之心，方是最初的心。惟最初的心，方是完整的心。惟完整的心，方是全其性情的。那是其大無外的心，所以生天生地。那是其純無比的心，所以成聖成賢。那是只因其心爲簡單化之至，所以大人必不能失。

十三

孟子曰：「養生者，不足以當大事。惟送死，可以當大事。」

惟送死，整個是悲情；惟悲情，整個是性情。性情所至，必愼其終。惟愼其終，可以當大事。於此哀哀，正是穆穆，正是浩浩。而隱隱通於無限，而綿綿通於永恆，終於不朽，並有其傳承。

十四

孟子曰：「君子深造之以道，欲其自得之也。自得之，則居之安；居之安，則資之深；資之深，則取之左右逢其源。故君子欲其自得之也。」

於此，欲其自得，正是性情的自得。性情自得，則性情自安；性情自安，則性情自深；性情自深，則性情自滲透於一切而左右逢源。而君子以此性情之道以深造，亦必自得。

十五

孟子曰：「博學而詳說之，將以反說約也。」

此乃由知識，智慧到性情，並到性情之簡化與純化，以歸於性情之貞，性情之約。

十六

孟子曰：「以善服人者，未有能服人者也。以善養人，然後能服天下。天下不心服而王者，未之有也。」

以善服人，乃對對方無其莊嚴之肯定。而對方爲其一己之尊嚴，亦必自行遮斷此「無其莊嚴之肯定」，此在性情之際，即有其截然劃分之一隔，而不能通，使一切之善，皆無由接觸，此所以「未有能服人者也」。

以善養人，乃以性情接觸養著性情，而只認其爲性情中事。一切是善意相迎，「善」無彼此。於此儘有其一大平等相，亦儘有其一大自由相和一大莊嚴相。於此，無「善」之施與，亦無善之領受。而只是善之流行，所過即化，故亦即得其養。

以善養人，人無不服；以善服人，終非心服。彼以力服人者，自更非心服。此一性情的原則，應用之於政治，即形成一政治的理性原則。反此理性原則，那便是「天下不心服而王者，未之有也」。

十七

孟子曰：「言無實不祥。不祥之實，蔽賢者當之。」

蔽賢乃由於己之不賢，而己之蔽賢，則益增己之不賢。由此輾轉「增上」，即不祥之實。

十八

徐子曰：「仲尼亟稱於水，曰：『水哉，水哉！』何取於水也？」

孟子曰：「原泉混混，不舍晝夜，盈科而後進，放乎四海。有本者如是，是之取爾。苟為無本，七八月之間，雨集，溝澮皆盈，其涸也，可立而待也。故聲聞過情，君子恥之。」

在外方，狄恩休士（Diansus）的精神裏，可以見性情；阿波羅（Appollo）的精神裏，可以見性情；同時，蒲羅米休士（Promethus）的精神裏，更可以見性情。但都是有聲有色。

而在我方，則性情之顯，每顯於甘露中，每顯於大海中，每顯於「雷雨之動滿盈」中，又每顯於一大圓相中。而所有這些，都不外乎水。同時，「沾衣欲濕杏花雨，吹面不寒楊柳風」，似此風風雨雨，正是一大滋潤。以此，而「天何言哉？四時行焉，百物生焉，天何言哉？」則更有其水之消息和水之流注。逝者如斯，不捨晝夜，此仲尼之所以亟稱。

孟子有見於性情之本，故又因之有取於原泉，而直從本源上，說其消息，言其流注。當其為甘露時，便儘有其清和；當其為大海時，便儘有其含藏；而當其為「雷雨之動滿盈」時，便無所不屆；當其為一大圓相時，則盡在其中。性源混混，性海浩浩，性天皓皓，由泉而顯，由水而顯，又由水之蒸而為雲而顯，終由此一水，而「天下文明」，但終歸於無聲無臭。

是以水之所至，即「道」之所至。「守道而人不知者，性也」（顏含語），故「聲聞過情，君子恥之」。

十九

孟子曰：「人之所以異於禽獸者幾希。庶民去之，君子存之。舜明於庶物，察於人倫，由仁義行，非行仁義也。」

這「幾希」，是一點靈明；這靈明，是一點性情。就憑這一點性情，便讓一個人套入於一大歷史的文化的系統中，並以歷史文化之生命為其生命，而非僅為一自然之生命，或一純動物之生命，故有「異於禽獸」。

這一點性情，是一個人的本性本情，因之，這一點靈明，亦是一個人的本性本情所本有的一點靈明。由此而充之，便是「清明在躬」。更由此而充之，便是「光被四表」而「天下文明」，從而構成一大歷史文化之光明的傳統。於此，舜以其一點靈明之外用，便明於庶物；以其一點靈明之內用，便察於人倫。一切是性情作主，由「光」而行。而仁義於此則正是光，故曰「由仁義行」。「庶民去之」，遂成「無明」；君子存之，遂作其光明之典型；「所過者化」，那是光化；「所存者神」，那是神明。

二〇

孟子曰：「禹惡旨酒而好善言。湯執中，立賢無方。文王視民如傷，望道而未之見。武王不泄邇，不忘遠。周公思兼三王，以施四事，其有不合者，仰而思之，夜以繼日，幸而得之，坐以待旦。」

這都是在一大歷史文化之光明的傳統下，所自然而有的光明的典型。「惡旨酒而好善言」，是提防著「無明」；執中而立賢無方，是保任著靈明；「視民如傷，望道未見」，是正視著光明。「不泄邇，不忘遠」，是身懷著清明；「思兼三王，以施四事」，是心念著大明。

二一

孟子曰：「王者之迹熄而詩亡，詩亡然後春秋作。晉之乘，楚之檮杌，魯之春秋，一也。其事則齊桓、晉文，其文則史。孔子曰：『其義則丘竊取之

矣。』」

王者之迹熄，而一本性情之事亡，故一本性情之詩亦亡。春秋之義，在復其性情，故「詩亡然後春秋作」。而復其性情，則在復其性情之理，以成其性情之教。此須即事見理，並宜以史爲用。故「其事則齊桓、晉文，其文則史」。

二二

孟子曰：「君子之澤，五世而斬；小人之澤，五世而斬。予未得為孔子徒也，予私淑諸人也。」

此乃就爲自然生命所限定的個人流風餘韻而言。若就君子慧命之相續說，則萬世而不斬。惟此自有賴於一大歷史文化之使命的擔承。

二三

孟子曰：「西子蒙不潔，則人皆掩鼻而過之。雖有惡人，齊戒沐浴，則可以祀上帝。」

此天地之美，所以每更顯於事物之眞；事物之眞，所以每更顯於人性之善之故。由此而言性情之美，便即同於神聖之美。盡善即盡美，而盡美亦即盡善。

二四

孟子曰：「天下之言性也，則故而已矣。故者以利為本。所惡於智者，為其鑿也。如智者若禹之行水也，則無惡於智矣。禹之行水也，行其所無事也。如智者亦行其所無事，則智亦大矣。天之高也，星辰之遠也，苟求其故，千歲之日至，可坐而致也。」

直從性的本源上說，而又保任此源頭，順之而行，由之而走，不起一絲毫之意，不著一絲毫之力，這在人，便是性情行事；這在天，便是日月運行。此必有「故」，惟循其迹，即所以「求其故」，故一切朗然。此必有「故」，惟知其迹，則「故者」即以「利」其迹爲本，故一切暢然。循其迹而即知其故者，爲智；知其故而不利其迹者爲「鑿」。鑿即不暢，暢即朗然。

利其迹，則順之由之而自由自在，故行所無事；而知識與智慧皆歸於性情之中，則「智亦大矣」，於此，利其迹，即所以循其迹。

利其迹，則「天之高也，星辰之遠也」，皆在我智光之中，亦皆在我性德之內，故「千歲之日至，可坐而致」，於此，利其迹，亦即所以「求其故」。

因之，「故」就是本原，就是源頭，就是第一原理，就是第一義。由此而有緒，有道，有傳統。

二五

孟子曰：「君子所以異於人者，以其存心也。君子以仁存心，以禮存心。仁

者愛人，有禮者敬人。愛人者，人恆愛之；敬人者，人恆敬之。有人於此，其待我以橫逆，則君子必自反也；我必不仁也，必無禮也，此物奚宜至哉？其自反而仁矣，自反而有禮矣，其橫逆由是也。君子必自反也；我必不忠。自反而忠矣，其橫逆由是也，君子曰：『此亦妄人也已矣。如此則與禽獸奚擇哉？於禽獸又何難焉？』是故君子有終身之憂，無一朝之患也。乃若所憂則有之，舜人也，我亦人也。舜為法於天下，可傳於後世，我由未免為鄉人也，是則可憂也。憂之如何？如舜而已矣。若夫君子所患則亡矣。非仁無為也，非禮無行也。如有一朝之患，則君子不患矣。」

以仁存心，是道德的實踐以仁。以禮存心，是道德的實踐以禮。我之以此而愛人敬人，人亦將恆以此而愛我敬我。此則因人皆有此道德的實踐之心，而心則本具此仁此禮。若眞不具而一待人以橫逆，則與禽獸無別。

在道德的實踐上，儘有其絕對的平等，故「舜人也，我亦人也」，故「如舜而已矣」。

在道德的實踐上，儘有其絕對的自由，故「見賢思齊」而有其終身之憂，故貴有憂。

在道德的實踐上，儘有其絕對的莊嚴，故「積善餘慶」而不患一朝之患，故不貴亡患。

由此絕對平等自由與莊嚴之道德的實踐，到一大歷史文化之使命的擔承，便是由君子到大人。

二六

禹、稷當平世，三過其門而不入。孔子賢之。顏子當亂世，居於陋巷，一簞食，一瓢飲，人不堪其憂，顏子不改其樂。孔子賢之。孟子曰：「禹、稷、顏回同道。禹思天下有溺者，由己溺之也。稷思天下有飢者，由己飢之也。是以如是其急也。禹、稷、顏子易地則皆然。今有同室之人鬥者，救之，雖被髮纓冠而救之，可也。鄉鄰有鬥者，被髮纓冠而往救之，則惑也。雖閉戶可也。」

政治的實踐，在本質上，亦是道德的實踐，故「禹、稷、顏回」同道。只是政治的實踐，終不似道德的實踐之一無條件。故必須「易地則皆然」。但不「易地」，而對一大歷史文化之使命的擔承，仍是一樣，於此而有命，那只是天命。此則，只有知而安之。亦惟知而安之，並安而樂之，方是孔子之所賢。

二七

儲子曰：「王使人瞯夫子，果有以異於人乎？」孟子曰：「何所異於人哉？堯舜與人同耳。」

孟子之「泰山巖巖」，其氣象自與人有別。而其在氣概上，更與眾不同。此所以在千載之下，猶儘可令人夢寐不忘孟子，並儘可令人朝夕想見孟子。

惟就性情言，就人之本性本情言，堯舜之所有者，孟子有之；孟子之所有者，眾人亦有之。由此而在道德的實踐上，人人一樣；由此而在一大歷史文化之使命的擔承上，也人人一樣。故曰：「何以異於人哉」？

只上一言，便見放平；只此放平，便見道大。

第九講　人道之常：人子、政權與個人之義命（一）——萬章章上

一

萬章問曰：「舜往于田，號泣于旻天。何為其號泣也？」

孟子曰：「怨慕也。」

萬章曰：「父母愛之，喜而不忘。父母惡之，勞而不怨。然則舜怨乎？」

曰：「長息問於公明高曰：『舜往于田，則吾既得聞命矣。號泣于旻天，于父母，則吾不知也。』公明高曰：『是非爾所知也。』夫公明高以孝子之心，為不若是恝。我竭力耕田，共為子職而已矣。父母之不我愛，於我何哉？帝使其

子，九男二女，百官牛羊倉廩備，以事舜於畎畝之中。天下之士多就之者，帝將胥天下而遷之焉。為不順於父母，如窮人之無所歸。天下之士悅之，人之所欲也，而不足以解憂。好色，人之所欲，妻帝之二女，而不足以解憂。富，人之所欲，富有天下，而不足以解憂。貴，人之所欲，貴為天子，而不足以解憂。人悅之、好色、富貴，無足以解憂者，惟順於父母，可以解憂。人少，則慕父母，知好色，則慕少艾，有妻子，則慕妻子，仕則慕君，不得於君，則熱中。大孝終身慕父母。五十而慕者，予於大舜見之矣。」

「大孝終身慕父母」，那是因爲「人子」永遠是人子！人由爲人之子，而爲「人之徒」；由爲人之徒，而爲「天之徒」；又由爲天之徒，而爲人之子。所以人子永遠是人子。只不過，大舜之爲人子，與耶穌之爲「人子」，又自不同。『舜往于田，號泣於旻天』，這是大舜的爲「人子」，而儘是「人悅之、好色、富貴，無足以解憂」。若耶穌之爲人子，則一直走上十字架，見母親在旁邊，「就對他母親說：『看你的兒子』。」（語見約翰福音）到這裏，要如何才能眞正瞭解這兩方面的「人子」之心呢？

就大舜方面說，我人自只有從「人道之常」，以瞭解人子之心，並從而瞭解一個「人的國度」。否則，便儘會「是非爾所知也」！

二

萬章問曰：「詩云：『娶妻如之何？必告父母。』信斯言也，宜莫如舜。舜之不告而娶，何也？」

孟子曰：「告則不得娶。男女居室，人之大倫也。如告，則廢人之大倫，以懟父母。是以不告也。」

萬章曰：「舜之不告而娶，則吾既得聞命矣。帝之妻舜而不告，何也？」

曰：「帝亦知告焉，則不得妻也。」

萬章曰：「父母使舜完廩，捐階，瞽瞍焚廩。使浚井，出，從而揜之。象曰：『謨蓋都君咸我績。牛羊父母，倉廩父母，干戈朕，琴朕，弤朕，二嫂使治朕棲。』象往入舜宮，舜在床琴。象曰：『鬱陶思君爾。』忸怩。舜曰：『惟茲臣庶，汝其于予治。』不識舜不知象之將殺己與？」

曰：「奚而不知也？象憂亦憂，象喜亦喜。」

曰：「然則舜偽喜者與？」

曰：「否。昔者有饋生魚於鄭子產，子產使校人畜之池。校人烹之，反命曰：『始舍之圉圉焉；少則洋洋焉，攸然而逝。』子產曰：『得其所哉，得其所哉！』校人出，曰：『孰謂子產智？予既烹而食之，曰：得其所哉？得其所哉。』故君子可欺以其方，難罔以非其道。彼以愛兄之道來，故誠信而喜之，奚偽焉？」

這是一本人道之常，以處人道之變。而其所以能一本人道之常，以處人道之變，則在其性情之貞。在這等處，天下之大順與天下之大逆，只是毫厘之差。在這等處，千古之大孝，與彌天之大惡，更爲間不容髮。在這等處，不本性情，即動干戈。在這等處，若一失「常」，即是殺伐。倫常之虧，天昏地黑；倫常之變，地覆天翻。在這等處，自仍只有性情，方可收乾坤扭轉之功，以重歸天高地厚之域。在這等處，自仍只有常道，方可「復其見天地之心」，以重現天清地寧之境。

由倫常之虧到倫常無虧，即見天高地厚，無非是性情之厚。

由倫常之變到倫常無變，即見天清地寧，全都是常道之寧。

有性情之厚，故每「可欺以其方」。而「可欺以其方」，亦正足以看出生命之「求安」，每過於「求是」，此乃生命之秘。有常道之寧，故「難罔以非其道」。而「難罔以非其道」，亦正足以看出心靈之「求是」，又有助於求安。此乃心靈之妙。

三

萬章問曰：「象日以殺舜為事，立為天子，則放之，何也！」

孟子曰：「封之也，或曰放焉。」

萬章曰：「舜流共工于幽州，放驩兜于崇山，殺三苗于三危，殛鯀于羽山，四罪而天下咸服，誅不仁也。象至不仁，封之有庳，有庳之人奚罪焉？仁人固如是乎？在他人則誅之；在弟則封之。」

曰：「仁人之於弟也，不藏怒焉，不宿怨焉，親愛之而已矣。親之欲其貴也，愛之欲其富也。封之有庳，富貴之也。身為天子，弟為匹夫，可謂親愛之乎？」

「敢問或曰放者，何謂也？」

曰：「象不得有為於其國，天子使吏治其國，而納其貢稅焉，故謂之放。豈得暴彼民哉？雖然，欲常常而見之，故源源而來。『不及貢，以政接于有庳』，此之謂也。」

象之不仁，乃不仁於舜一己之身。此在骨肉之際，自只有一任己心之惻然，從而封之，正所以示天下以性情之厚。

象之不仁，可不仁於彼有庳之民。此在政治之上，自只有一任己心之朗然。吏治其國，正所以示天下以人道之常。

至此，私與公兩全，而主觀之絕對精神與客觀精神一齊顯發。

四

咸丘蒙問曰：「語云：『盛德之士，君不得而臣，父不得而子。』舜南面而立，堯帥諸侯北面而朝之。瞽瞍亦北面而朝之。舜見瞽瞍，其容有蹙。孔子曰：

『於斯時也，天下殆哉？岌岌乎！』不識此語誠然乎哉？」

孟子曰：「否，此非君子之言，齊東野人之語也。堯老而舜攝也。堯典曰：『二十有八載，放勳乃徂落。百姓如喪考妣，三年，四海遏密八音。』孔子曰：『天無二日，民無二王。』舜既為天子矣，又帥天下諸侯以為堯三年喪，是二天子矣。」

咸丘蒙曰：「舜之不臣堯，則吾既得聞命矣。詩云：『普天之下，莫非王土，率土之濱，莫非王臣。』而舜既為天子矣，敢問瞽瞍之非臣，如何？」

曰：「是詩也，非是之謂也。勞於王事，而不得養父母也。曰：『此莫非王事，我獨賢勞也。』故說詩者，不以文害辭，不以辭害志。以意逆志，是為得之。如以辭而已矣，雲漢之詩曰：『周餘黎民，靡有孑遺。』信斯言也，是周無遺民也。孝子之至，莫大乎尊親。尊親之至，莫大乎以天下養。為天子父，尊之至也。以天下養，養之至也。詩曰：『永言孝思，孝思維則。』此之謂也。書曰：『祗載見瞽瞍，夔夔齊栗，瞽瞍亦允若。』是為父不得而子也？」

是人之一倫，就是人道之一常。人臣終究是人臣，人子永遠是人子，這便是「常」。而政治之地位與權力之有無與轉移，則是變。變必不能失常，此舜之必不臣堯，而瞽瞍亦必子舜。若於此等處，亦以政治地位爲獨尊，以政治權力爲首出，便是人道之災。凡失人道之常，必爲人道之災；凡爲人道之災，必成天下之禍。惟政治之獨夫，多有其人道之變；而多有其人道之變者，亦多爲政治之獨夫。故不足以言人道之常者，亦不足以言政治之常。

而人道之常，則特顯於倫常之內。由此擴而爲人文世界，則德可獨尊而首出。此即所謂：「盛德之士，君不得而臣，父不得而子。」然此亦只是狀其獨尊而首出而已，實則，人臣畢竟是人臣，人子永遠是人子。於此儘有其絕對，亦儘有其客觀。

五

萬章曰：「堯以天下與舜，有諸？」

孟子曰：「否，天子不能以天下與人。」

「然則舜有天下也，孰與之？」

曰：「天與之。」

「天與之者，諄諄然命之乎？」

曰：「否，天不言。以行與事示之而已矣。」

曰：「以行與事示之者如之何？」

曰：「天子能薦人於天，不能使天與之天下。諸侯能薦人於天子，不能使天子與之諸侯。大夫能薦人於諸侯，不能使諸侯與之大夫。昔者堯薦舜於天而天受之；暴之於民而民受之。故曰：天不言，以行與事示之而已矣。」

曰：「敢問薦之於天而天受之；暴之於民而民受之。如何？」

曰：「使之主祭而百神享之，是天受之。使之主事而事治，百姓安之，是民受之也。天與之，人與之，故曰：天子不能以天下與人。舜相堯二十有八載。非人之所能為也，天也。堯崩，三年之喪畢。舜避堯之子於南河之南。天下諸侯朝覲者，不之堯之子而之舜。訟獄者，不之堯之子而之舜。謳歌者，不謳歌堯之子而謳歌舜。故曰天也。夫能後之中國，踐天子位焉，而居堯之宮，逼堯之子，是篡也，非天與也。太誓曰：『天視自我民視，天聽自我民聽』，此之謂也。」

「天子不能以天下與人」，則天子自更不能以天下與己。如此，既不能與人，亦不能與己，則天下即歸諸天下，並永遠是天下人之天下，而有其常：即有其常局，有其常軌，有其常道；且爲一絕對之重器，而可一任天地立其心，一任生民立其命，一任往聖繼其絕學，一任萬世開其太平。

讓天下歸諸天下，則有天下，就是天與之。讓天下爲天下人之天下，則有天下！就是人與之。

然必合乎天道之常，天始與之；必合乎人道之常，人始與之。且於此，天道之常，也就是人道之常，故「天視自我民視，天聽自我民聽」，到這裏，民主即不能不是政治之常；而此下民主之局，即不能不是政治之常局；民主之制，即不能不是政治之常軌；民主之風，即不能不是政治之常道。

當政治一成其常局，一循其常軌，一本其常道，而眞有其「常」之際，則天下即爲一絕對之重器，而爲任何人所不能動、不能取、不能爭；且亦不應動、不應取、不應爭，並儘可不必從事乎此。如此，則「巍巍乎，舜有天下而不與焉」，而任何人亦將有天下而不與焉。天地之心，生民之命，往聖之學，太平之機，自皆有繫乎此。

「天子不能以天下與人」，那是把天下從天子那裏「推開去」。可是，只這一「推開」，便儘可見其一大心靈之妙用，一大生命之生諦，與夫一大性情之極則。

但當天下從天子那裏推開之後，遇「狐媚以取天下」時，究將如何？遇「暴力」以劫天下時，究將如何？遇邪說以誣天下時，究將如何？遇陰毒以害天下時，究將如何？此則，仍只有賴於心靈之醒覺，生命之奮起，與夫人性之復活，以復其常，以安其常，以實有其常。

「常」總是見於常行中，「常」總是見於常事裏。所謂「天不言，以行與事示之」，那亦正是示之以「常」。

惟常行常事，始不惑於「變」。惟不惑於變，始可「主事而事治，百姓安之」。由此而民受之，這便是政治上應有之唯一的大選擇。

不由此政治上應有之唯一的大選擇，那便是政治上無可避免之神話的大篡竊。

六

萬章問曰：「人有言：至於禹而德衰，不傳於賢而傳於子，有諸？」

孟子曰：「否，不然也。天與賢，則與賢。天與子，則與子。昔者舜薦禹於天，十有七年，舜崩。三年之喪畢，禹避舜之子於陽城。天下之民從之，若堯崩之後，不從堯之子而從舜也。禹薦益於天，七年，禹崩。三年之喪畢，益避禹之子於箕山之陰，朝覲訟獄者不之益而之啟，曰：『吾君之子也。』謳歌者不謳歌益而謳歌啟，曰：『吾君之子也。』丹朱之不肖，舜之子亦不肖。舜之相堯，禹之相舜也，歷年多，施澤於民久。啟賢，能敬承繼禹之道。益之相禹也，歷年少，施澤於民未久。舜、禹、益相去久遠，其子之賢不肖，皆天也，非人之所能為也。莫之為而為者，天也。莫之致而致者，命也。匹夫而有天下者，德必若舜禹，而又有天子薦之者。故仲尼不有天下。繼世以有天下，天之所廢，必若桀紂者也。故益、伊尹、周公不有天下。伊尹相湯以王於天下。湯崩，太丁未立，外丙二年，仲壬四年，太甲顛覆湯之典刑，伊尹放之於桐。三年，太甲悔過，自怨自艾，於桐處仁遷義。三年，以聽伊尹之訓己也。復歸于亳。周公之不有天下，猶益之於夏，伊尹之於殷也。孔子曰：唐虞禪，夏后、殷、周繼，其義一也。」

傳之賢，是天與之賢者以天下。以傳之子，亦是天與之子之賢者以天下。說「堯虞禪，夏后殷周繼，其義一也」，那是在天與賢者之一大政治理性原則下，初無二致。

這天與賢者之一大政治的理性原則，是天道之「常」，落到政治上，而形成政治之「常」，亦即政治之常道。

只是這天與賢者之一大政治理性原則的應用，亦儘有其諸多極其不定而難測的條件，以致賢者可以有天下，亦可以沒有天下。而不賢者應當沒有天下，但亦可以有天下。這便是所謂「莫之爲而爲」，「莫之致而致」。只是這「莫之爲而爲者」，仍是天；這「莫之致而致者」，終是命。既是天，即當有其不失常之理；既是命，即當有其窮而能通之道。

德若舜禹，只因天子未薦而不有天下。故僅憑天子薦，即非政治之常。

不德若桀紂，只因待天之廢而不有天下。故僅憑天之廢，亦非政治之常。

由此，以求政治上變不失常之理，便須由「憑天子薦」，以到人人可薦之制。

由此，以求政治上窮而能通之道，便須由「僅憑天廢」，以到人人可廢之局。

必如此以求其政治上之更大的客觀化，方是這「天與賢者」之一大政治理性原則的一大擴充，從而亦可去掉其在應用上之諸多不定難測的條件。

以此而言「莫之爲而爲」之天，便整個是天理流行；以此而言「莫之致而致」之命，便無非是性情作主。此天道之常，亦即人道之常，並即爲眞正的政治之道之常，或政道之常。而人亦必安此眞常，始足以言眞正之應萬變，並始足以言眞正之開太平。

七

萬章問曰：「人有言，『伊尹以割烹要湯』。有諸？」

孟子曰：「否，不然，伊尹耕於有莘之野，而樂堯舜之道焉。非其義也，非其道也，祿之以天下，弗顧也，繫馬千駟，弗視也。非其義也，非其道也，一介不以與人，一介不以取諸人。湯使人以幣聘之，囂囂然曰：『我何以湯之聘幣為哉？我豈若處畎畝之中，由是以樂堯舜之道哉？』湯三使往聘之，既而幡然改曰：『與我處畎畝之中，由是以樂堯舜之道，吾豈若使是君為堯舜之君哉？吾豈若使是民為堯舜之民哉？吾豈若於我身親見之哉？天之生此民也，使先知覺後知，使先覺覺後覺也。予，天民之先覺者也，予將以斯道覺斯民也。非予覺之，而誰也？』思天下之民匹夫匹婦，有不被堯舜之澤者，若己推而內之溝中，其自任以天下之重如此。故就湯而說之以伐夏救民。吾未聞枉己而正人者也，況辱己以正天下者乎？聖人之行不同也，或遠或近，或去或不去，歸潔其身而已矣。吾聞其以堯舜之道要湯，未聞以割烹也。伊訓曰：『天誅造攻自牧宮，朕載自亳。』」

此伊尹之所以有其一個人的完成。並從而有其一個人的完成，即有其一個國家的完成；有其一個國家的完成，即有其一個天下的完成，而一成一切成。

是一個人的完成，即有其一個責任的完成，於此，責任即是生命，責任與生命，初無二致。

「處畎畝之中，樂堯舜之道」，這儘有其一個使命，因之，亦即有其一個責任。

「予，天民之先覺者也，予將以斯道覺斯民也。」這更有其一個使命，因之，亦更有其一個責任。

就這樣，伊尹便「思天下之民匹夫匹婦，有不被堯舜之澤者，若己推而內之溝中」。於此，伊尹就很可以說：「我就是生命」；亦很可以說：「我就是責任」！此責任與此生命之與伊尹，到此之際，亦初無二致。這就是爲什麼要說伊尹爲「聖之任者也」的原由。

彼乃已完全將其一己加以客觀化而凸顯其一大客觀精神之人，自不致以「割烹」辱己而有求於人，故曰：「未聞以割烹也。」

八

萬章問曰：「或謂孔子於衛主癰疽，於齊主侍人瘠環。有諸乎？」

孟子曰：「否，不然也，好事者為之也。於衛主顏讎由。彌子之妻與子路之妻，兄弟也。彌子謂子路曰：『孔子主我，衛卿可得也。』子路以告，孔子曰：『有命。』孔子進以禮，退以義，得之不得，曰：『有命。』而主癰疽與侍人瘠環，是無義無命也。孔子悅於魯衛，遭宋桓司馬將要而殺之。微服而過宋。是時孔子當阨，主司城貞子，為陳侯周臣。吾聞觀近臣，以其所為主；觀遠臣，以其所主。若孔子主癰疽與侍人瘠環，何以為孔子？」

於此，義與命，對孔子而言，更初無二致。因之，其使命感是獨特的，其命運感是獨特的，而由此而生之個人氣象，亦是獨特的。惟其態度，則一味自然，一味老實，此所以為「聖之時者也」。

「若孔子主癰疽與侍人瘠環」，而有所圖，即非「可以止則止」，故曰：「何以爲孔子？」

九

萬章問曰：「或曰：『百里奚自鬻於秦養牲者，五羊之皮，食牛，以要秦穆公。』信乎？」

孟子曰：「否，不然。好事者為之也。百里奚，虞人也。晉人以垂棘之璧與屈產之乘，假道於虞以伐虢。宮之奇諫；百里奚不諫，知虞公之不可諫而去，之秦，年已七十矣。曾不知以食牛干秦穆公之為汙也，可謂智乎？不可諫而不諫，可謂不智乎？知虞公之將亡而先去之，不可謂不智也。時舉於秦，知穆公之可與有行也而相之，可謂不智乎？相秦而顯其君於天下，可傳於後世，不賢而能之乎？自鬻以成其君，鄉黨自好者不為，而謂賢者為之乎？」

此所謂「智」，自只是性情之朗然。若就私智與巧智而言，亦可以無所不至。有性情之朗然，即終有其性情之惻然。有性情之惻然，即終有其性情之行事，而由智以進於賢。

百里奚以知「不可諫而不諫」之智，進而相秦顯君，「可傳於後世」，以成其賢。則其由智而賢，必不能流而爲無義無命，自可想見。且既進爲賢者，更何致「自鬻以成其君」？故曰：「鄉黨自好者不爲，而謂賢者爲之乎」？

第十講　人道之常：人子、政權與個人之義命（二）——萬章章下

一

孟子曰：「伯夷，目不視惡色，耳不聽惡聲；非其君不事，非其民不使，治則進，亂則退。橫政之所出，橫民之所止，不忍居也。思與鄉人處，如以朝衣朝冠坐於塗炭也。當紂之時，居北海之濱，以待天下之清也。故聞伯夷之風者，頑夫廉，懦夫有立志。伊尹曰：『何事非君？何使非民？』治亦進，亂亦進。曰：『天之生斯民也，使先知覺後知，使先覺覺後覺。予，天民之先覺者也，予將以此道覺此民也。』思天下之民匹夫匹婦有不與被堯舜之澤者，若己推而內之

溝中。其自任以天下之重也。柳下惠，不羞汙君，不辭小官，進不隱賢，必以其道：遺佚而不怨，阨窮而不憫。與鄉人處，由由然不忍去也。『爾為爾，我為我，雖袒裼裸裎於我側，爾焉能浼我哉？』故聞柳下惠之風者，鄙夫寬，薄夫敦。孔子之去齊，接淅而行。去魯，曰：『遲遲吾行也。』去父母國之道也。可以速而速，可以久而久，可以處而處，可以仕而仕，孔子也。」

孟子曰：「伯夷，聖之清者也。伊尹，聖之任者也。柳下惠，聖之和者也。孔子，聖之時者也。孔子之謂集大成。集大成也者，金聲而玉振之也。金聲也者，始條理也；玉振之也者，終條理也。始條理者，智之事也；終條理者，聖之事也。智，譬則巧也；聖，譬則力也。由射於百步之外也，其至，爾力也；其中，非爾力也。」

「清」是不染一塵。這不染一塵，是不忍更染一塵，這其間儘是惻然。這是伯夷的生命之所「至」，這亦就是伯夷的生命。

伯夷的生命之所至，在人間，會儘有一大淨化生命之功能，故頑夫因之而廉，懦夫因之立志。這廉和立志，就是生命淨化之相。

「任」是「整個使命感」。這「整個使命感」，是不忍不有其「整個使命感」。這其間亦儘是惻然。這是伊尹的生命之所至，這亦就是伊尹的生命。

「和」是「猶如蓮化不著水」，但不惜陷入汙泥中。這不惜陷入汙泥中，是不忍不陷入汙泥中。這其間仍儘是惻然。這是柳下惠的生命之所至，這亦就是柳下惠的生命。

柳下惠的生命之所至，在人間，會儘有其一大敞開生命之功能，故鄙夫因之而寬，薄夫因之而敦。這寬與敦，就是生命敞開之相。這是生命之「闢」，以此而論伯夷，則是生命之「翕」。以此而論伊尹，則是生命之「創」，生命之自強不息，生命之日新又新。惟生命之翕闢與生命之創新，對生命之所至而言，終有其同一之本質，以此而愈見生命之莊嚴，以此而愈見生命之神妙。故當「清」就是生命時，即為聖之清；當「任」就是生命時，即為聖之任，當「和」就是生命時，即為聖之和。

本此以言「時」，「時」便是全副心靈，全副生命，全副性情。在「可以速而速，可以久而久」處，那會儘是朗然，又儘是惻然。在「可以處而處，可以仕而仕」處，那會儘是惻然，又儘是朗然。由此以言「孔子之去齊，接淅而行」，那便是朗然之至。在那裏，你可以接觸一大心靈；在那裏，你更可以接觸一大生命。又由此以言去魯，曰「遲遲吾行也，去父母國之道也」，那便是惻然之至。在那裏，你可以洞悉一大生命，在那裏，你更可以洞悉一大性情。那一大心靈，是全副心靈，因此便儘可以瀰天蓋地。那一大生命是全副生命，因此便儘可以亘古亘今。那一大性情是全副性情，因此便儘可以放之則彌六合，又可以退而捲藏於密。那是「時」，那是「四時行焉，百物生焉」之「時」，那亦正是「天何言哉」之天，與夫「天下何思何慮」之地。因此，說孔子為「聖之時」，就必須接著說：「仲尼，天地也。」

「孔子之謂集大成」，那是集生命之明之大，又集生命之質之純。那是以其大明，澈底勘破一切「無明」，使一切開始有其條理，以獲其「耳順」之金聲。那是以其純質，斷然無復「憂悲苦惱」，使萬有終於成其條理，以獲其「從心」之玉振。於此，凡是生命，以其質之純，固皆能由有其樂章，而成其樂章。若孔子，則是一大樂章，響澈雲霄，而與天地相終始，而與天地為一，並能興發一切之樂章，而始其條理，而不僅有其「至」，並有其「中」。此則不僅須有心靈之善，生命之質之純，與夫性情之惻然，以及所至之「聖」；並須有其心靈之大，生命之質之明，與夫性情之朗然，以及所及之「智」，而使一切在其光被四表之中，在其光照之中，始足以言此。故曰：「其中，非爾力也。」

二

萬章問曰：「敢問友？」

孟子曰：「不挾長，不挾貴，不挾兄弟而友。友也者，友其德也，不可以有挾也。孟獻子，百乘之家也，有友五人焉：樂正裘、牧仲，其三人，則予忘之矣。獻子之與此五人者為友也，無獻子之家者也。此五人者，亦有獻子之家，則不與之友矣。非惟百乘之家為然也，雖小國之君亦有之。費惠公曰：『吾於子思，則師之矣。吾於顏般，則友之矣。王順、長息則事我者也。』非惟小國之君為然也，雖大國之君亦有之。晉平公之於亥唐也，入云則入，坐云則坐，食云則食，雖疏食菜羹，未嘗不飽，蓋不敢不飽也。然終於此而已矣，弗與共天位也，弗與治天職也，弗與食天祿也。士之尊賢者也，非王公之尊賢也。舜尚見帝，帝館甥于貳室，亦饗舜，迭為賓主，是天子而友匹夫也。用下敬上，謂之貴貴。用上敬下，謂之尊賢。貴貴、尊賢，其義一也。」

友道至平，所以不挾長。友道至淡，所以不挾貴。友道至廣，所以不挾兄弟。

惟其至平，所以朋友會儘有其高山流水之意。惟其至淡，所以朋友又會儘有其月白風清之誼。惟其至廣，所以朋友還會儘有其天長地久之義。

而朋友之所以成爲一倫，亦正因其爲道之至平、至淡與至廣，由此而遂成常道之一，亦即一人道之常。

友既爲人道之常，則凡不屬於「常」者，如「百乘之家」，如大小之國，如天子之位等等，即皆應超越之，始可以言友。且亦必須超越之，始可以言友其德。

只友其德，即顯其意志之絕對自由，故「有獻子之家，則不與之友矣」。

只友其德，即顯其人格之絕對平等。故「雖疏食菜羹，未嘗不飽，蓋不敢不飽也」。

只友其德，即顯其性情之絕對莊嚴。故「用下敬上，謂之貴貴；用上敬下，謂之尊賢；貴貴、尊賢，其義一也」。

尊賢是友道之常，故「天子而友匹夫」，亦爲友道之常。

三

孟子曰：「仕非為貧也，而有時乎為貧。娶妻非為養也，而有時乎為養。為

貧者，辭尊居卑，辭富居貧。辭尊居卑，辭富居貧，惡乎宜乎？抱關擊柝。孔子嘗為委吏矣，曰『會計當而已矣』。嘗為乘田矣，曰『牛羊茁壯，長而已矣』。位卑而言高，罪也。立乎人之本朝，而道不行，恥也。」

仕而至於「爲貧」而仕，此乃人道之窮，娶妻而至於「爲養」而娶，此更爲人道之窮。而爲人道之窮處，仍欲稍存人道之常，此在爲貧而仕之際，自宜「辭尊居卑，辭富居貧」，蓋必如此，方可免此性情之虧損。「辭尊居卑」，乃因居尊而更增此心之愆尤。若位卑而復言高，自爲「罪也」，並罪甚於居卑。

仕必終須「爲道」而仕。若爲行其道而仕，則「立乎人之本朝而道不行」，自爲「恥也」，且更恥於爲貧而仕。

於此等處而知罪知恥，亦正所以見心靈、見生命、見性情，而可以免於無「義」無「命」。

四

萬章曰：「士之不託諸侯，何也？」

孟子曰：「不敢也。諸侯失國，而後託於諸侯，禮也。士之託於諸侯，非禮也。」

萬章曰：「君餽之粟，則受之乎？」

曰：「受之。」

「受之何義也？」

曰：「君之於氓也，固周之。」

曰：「周之則受，賜之則不受，何也？」

曰：「不敢也。」

曰：「敢問其不敢，何也？」

曰：「抱關擊柝者，皆有常職以食於上，無常職而賜於上者，以為不恭也。」

曰：「君餽之，則受之，不識可常繼乎？」

曰：「繆公之於子思也，亟問，亟餽鼎肉，子思不悅。於卒也，摽使者出諸大門之外，北面稽首再拜而不受，曰：『今而後，知君之犬馬畜伋。』蓋自是臺無餽也。悅賢不能舉，又不能養也，可謂悅賢乎？」

曰：「敢問國君欲養君子，如何斯可謂養矣？」

曰：「以君命將之，再拜稽首而受。其後廩人繼粟，庖人繼肉，不以君命將之。子思以為鼎肉，使己僕僕爾亟拜也，非養君子之道也。堯之於舜也，使其子九男事之，二女女焉，百官牛羊倉廩備，以養舜於畎畝之中，後舉而加諸上位。故曰：王公之尊賢者也。」

所謂「盡禮」，乃所以盡此心靈直達之方，乃所以盡此生命安頓之義，乃所以盡此性情接觸之道。於此，士之對國君，與夫國君之待士，亦初無二致。

而此所謂「初無二致」者，即彼此間之相互肯定，相互尊崇，並相互限定其一己而各有其分際，此在國君與士間，完全一樣。

「士之不託諸侯」，那便是相互限定其一己而各有其分際。

「君餽之粟，則受之」，那便是相互尊崇。

「其後由廩人繼粟，庖人繼肉」，那便是相互肯定。

而此所謂「分際」，乃是在性情接觸上的分際：此所謂「尊崇」，乃是在生命安頓上的尊崇；此所謂肯定，乃是在心靈直達上的肯定。

王公之尊賢，亦不外乎先之以對對方之人格上的一大肯定，繼之以對對方之德性上的一大尊崇，終之以對對方能師則師之，能友則友之，能舉則舉之，能養則養之，而有其一大分際，以盡其禮。

五

萬章曰：「敢問不見諸侯，何義也？」

孟子曰：「在國曰市井之臣，在野曰草莽之臣。皆謂庶人。庶人不傳質為臣，不敢見於諸侯，禮也。」

萬章曰：「庶人，召之役，則往役。君欲見之，召之，則不往見之，何也？」

曰：「往役，義也。往見，不義也。且君之欲見之也，何為也哉？」

曰：「為其多聞也，為其賢也。」

曰：「為其多聞也，則天子不召師，而況諸侯乎？為其賢也，則吾未聞欲見賢而召之也。繆公亟見於子思，曰：『古千乘之國以友士，何如？』子思不悅，曰：『古之人有言：曰事之云乎？豈曰友之云乎？』子思之不悅也，豈不曰：『以位，則子，君也，我，臣也。何敢與君友也？以德，則子事我者也，奚可以與我友？』千乘之君求與之友，而不可得也，而況可召與？齊景公田，招虞人以旌，不至，將殺之。志士不忘在溝壑，勇士不忘喪其元，孔子奚取焉？取非其招不往也。」

曰：「敢問招虞人何以？」

曰：「以皮冠。庶人以旃，士以旂，大夫以旌。以大夫之招招虞人，虞人死不敢往。以士之招招庶人，庶人豈敢往哉？況乎以不賢人之招招賢人乎？欲見賢人而不以其道，猶欲其入而閉之門也。夫義，路也。禮，門也。惟君子能由是路，出入是門也。《詩》云：『周道如砥，其直如矢；君子所履，小人所視。』」

萬章曰：「孔子，君命召，不俟駕而行。然則孔子非與？」

曰：「孔子當仕有官職，而以其官召之也。」

在此等處，有禮，亦有義；有義，亦有命。惟能在道德上自作主宰，方可不顧政治上之主宰，並使政治之士與道德之士，各有其分際，而將政治與道德劃分其領域。政治之士一進入了道德的領域，即應以道德爲首出。王者於此，方有其王者師。道德之士一進入了政治的領域，即應以政治爲首出。賢者於此，則爲其王者佐。領域不同，主體互異。貴貴則以政治的主體爲對象。尊賢則以道德的主體爲對象。其在主體性之自由的重視上，意義是一樣的。而其所以成就其主體性，並有其主體性的自由之道，亦總是「其直如矢」的。

而孔子之不俟駕而行，則只是對政治的主體，予以肯定，予以尊崇，而自有其適當之分際，因儘有其禮，有其義，亦有其命。

六

孟子謂萬章曰：「一鄉之善士，斯友一鄉之善士；一國之善士，斯友一國之善士；天下之善士，斯友天下之善士。以友天下之善士為未足，又尚論古之人。頌其詩，讀其書，不知其人，可乎？是以論其世也。是尚友也。」

這是一個人的心靈之步步的展開，以至無限。惟其如此，方有其精神的永在。

這又是一個人的生命之層層的充盈，以至無窮。惟其如此，方有其慧命之相續。

這更是一個人的性情之一一的凸顯，以至無無。惟其如此，方有其「天變地變道不變」之永恆的實質。

於此，友道至大，友道至眞，友道亦至實在。一鄉之善士，其心靈之所涵，其生命之所接，其性情之所與，可及於一鄉之內，故即能友一鄉之善士。一國之善士，其心靈之所涵，其生命之所接，其性情之所與，可及於一國之中，故即能友一國之善士。天下之善士，其心靈之所涵，其生命之所接，其性情之所與，可及於普天之下，故即能友天下之善士。而尚論古之人者，其心靈，其生命與其性情之所涵、所接和所與，則可及於永恆，故即能尚友古人。到此，即所謂「心遊邃古，一念萬年」，並自然會有其一大歷史文化之使命的擔承，而「論其世」，以知其人，則儘是情不容已，義不容已。

因此之故，「尙友」就是尙志。

七

齊宣王問卿。孟子曰：「王何卿之問也？」王曰：「卿不同乎？」曰：「不同。有貴戚之卿，有異姓之卿。」王曰：「請問貴戚之卿。」曰：「君有大過則諫，反覆之而不聽，則易位。」王勃然變乎色。曰：「王勿異也。王問臣，臣不敢不以正對。」王色定，然後請問異姓之卿。曰：「君有過則諫，反覆之而不聽，則去。」

在這裏，貴戚之卿，反覆諫之而不聽，則易位，那是有義存乎其間。異姓之卿，反覆諫之而不聽，則去，那是有命存乎其間。

只不過這政權上的個人義命，自亦儘有其步步展開，層層充盈，與夫一一凸顯之道。此則，必須人人具備其政治的主體性，始可有其道之極致，亦即有其道之常。

齊宣王聞孟子「反覆之而不聽，則易位」之言，而勃然變乎色，此乃因其不能安於人道之常，故懼聞此政道之常。

因此之故，人道之常，固大有助於政道之常，而政道之常，實亦所以維繫人道之常，並為人道之常之一重要環節。

第十一講　性善之旨：人類應有之一大根本肯定——告子章上

一

告子曰：「性，猶杞柳也；義，猶桮棬也。以人性為仁義，猶以杞柳為桮棬也。」

孟子曰：「子能順杞柳之性而以為桮棬乎？將戕賊杞柳而後以為桮棬也？如將戕賊杞柳而以為桮棬，則亦將戕賊人以為仁義與？率天下之人而禍仁義者，必子之言夫。」

告子曰：「性猶湍水也，決之東方則東流；決之西方則西流。人性之無分於善不善也，猶水之無分於東西也。」

孟子曰：「水信無分於東西，無分於上下乎？人性之善也，猶水之就下也。人無有不善，水無有不下。今夫水，搏而躍之，可使過顙；激而行之，可使在山。是豈水之性哉？其勢則然也。人之可使為不善，其性亦猶是也。」

告子曰：「生之謂性。」

孟子曰：「生之謂性也，猶白之謂白與？」

曰：「然。」

「白羽之白也，猶白雪之白；白雪之白，猶白玉之白與？」

曰：「然。」

「然則犬之性，猶牛之性；牛之性，猶人之性與？」

我人於此，當先了知：一個人何以會一下子就直從人性上說話？而且一個國家民族，何以會一早就提出此一大人性上的問題？並對此一大問題，無不加以鄭重之討論，而與時進展，作成一歷史文化之中心問題？

我們看希臘羅馬的哲人們，並不如此。我們看希伯來與印度的哲人們，也並不如此。而在希臘與希伯來精神影響下的歐美哲人們，也並不如此。

我們看所有的世界文明古國，以及所有世界上目前仍能存在的古老民族，和我們的國家民族一比，又何嘗一樣？就別開文明古國和歷史悠久的民族不談，我們再看所有世界上的其他國家和其他任何民族，在和我們的國家民族對照之下，更何嘗一樣？

而只有我們的先哲，方是如此；也只有我們的國家民族，纔是這樣。這實不能不是一大歷史文化的奇蹟；這實不能不是一大國家民族的光榮。

人在自然世界裏，不會有人性之善與不善的問題。人在離開自然的世界裏，不會有人性之善與不善的問題。人在面對自然的世界裏，也不會有人性之善與不善的問題。人在融和自然的世界裏，仍不會有人性之善與不善的問題。人在回歸自然的世界裏，依然不會有人性之善與不善的問題。

這亦可以說：在自然哲學裏，不會有那樣的首要問題；在神學裏，不會有那裏的首要問題；在科學裏，也不會有那樣的首要問題；在藝術裏，仍不會有那樣的首要問題；而在一切厭棄人文或反人文的思想學術與實踐上，依然不會有那樣的首要問題。

把人性之善與不善的問題，作成歷史文化上的首要的中心問題，並作成國家民族與個人實踐上之首要的迫切問題，那只是人類心靈的開發，伴隨自然土地的開發，一下子進入了人文的世界，而急求其生命的安頓，力求其生產的安頓，並亟求其性情的安頓之一應有的事。但這卻不能不是全人類所應該有和必須有的最根本的事。

而對於人性之善之一大肯定，則不能不是我們全人類所應該有和所必須有的最根本的一大肯定。

必須有此根本之一大肯定，人在自然的世界裏，方不致僅爲一自然之生物。必須有此根本之一大肯定，人在離開自然的世界裏，方可一方面超越之，而另一方又不「捨離以爲道」。必須有此根本之一大肯定，人在面對自然的世界裏，方眞能正視自然、了解自然、成就自然，而又不致失落其自己。又必須有此根本之一大肯定，人在融和自然的世界裏，方足以「與天地精神相往來」，而又不致蕩而無歸。更必須有此根本之一大肯定，人在回歸自然的世界裏，方儘有其「君子以此洗心，退藏於密」之概，而不致於「居簡而行簡」，更不致於「無心」而物化。

由此，而人便眞成爲歷史與文化之動物；由此，而人便儘有其絕對之精神；由此，而人便儘有其客觀之存在；又由此，而人便儘可以「上下與天地同流」；更由此，而人文世界尤儘可以有其莊嚴之永續。

說人性之善，那只是說人性有其最初的善，而這最初之善，亦正可以引生原始之惡，或原始的罪。只不過此原始之惡或原始的罪，終無實性，故可不予計及，此當為孟子之本意。而告子則因不計及此原始之惡或原始的罪，遂並此最初的善，亦不予計及，以致直說「人性無分於善不善」。

但當其直說「人性無分於善不善」之際，其心思便即一直降下，而落到自然之生命上，故又曰：「生之謂性。」

由此即知：人性之最初的善，總須以道心實體之。由認識心之突破以生明生智，並由明而誠。由智以入，終不似由實踐以得之之眞與切。且由智以入，若一失其「向上一機」，便即須落到自然之領域。此告子之所以為告子。此亦正是孟子之大不同於告子處。

二

告子曰：「食色，性也。仁，內也，非外也；義，外也，非內也。」

孟子曰：「何以謂仁內義外也？」

曰：「彼長而我長之，非有長於我也。猶彼白而我白之，從其白於外也，故謂之外也。」

曰：「異於白馬之白也，無以異於白人之白也。不識長馬之長也，無以異於長人之長與？且謂長者義乎？長之者義乎？」

曰：「吾弟則愛之。秦人之弟則不愛也，是以我為悅者也。故謂之內。長楚人之長，亦長吾之長，是以長為悅者也。故謂之外也。」

曰：「耆秦人之炙，無以異於耆吾炙。夫物則亦有然者也。然則耆炙亦有外與？」

告子的「性無分於善不善」，至此，更步步下降，而泯其向上一機，以致與此後我國禪宗之「不思善，不思惡」，亦大異其趣，而截然兩樣。其所言之「食色性也」，與夫仁內義外之說，更只是降落在自然領域內，而是就自然生命上說。因此，其所顯現的，亦只是一種認識心，而可以見智，並不見仁。

其所謂「食色，性也」之性，那只是自然生命的食色之本能，而不足以言辭讓與羞惡之理。

其所謂之「仁內」之仁，那只是自然生命的本能的愛欲，而不足以言惻隱與怛惕之誠。

其所謂之「義外」之義，那只是自然生命的外在的規律，而不足以言是非與抉擇之眞。

只不過告子雖是就自然生命上說性說仁說義，但究仍不安於就此自然生命上之說。其泯其向上一機處，雖儘不足以言此向上一機之昂揚與暢遂，但仍儘有其保任此向上一機之道。此即其所以能先孟子不動心之故。而其所以能先孟子不動心之道，則正因其以仁爲內，以義爲外，並有所肯定於自然生命之故。

只不過既以仁爲內在，則「以我爲悅者也」之愛弟之愛，其本即爲仁，而其所謂「非有長於我」及「是以長爲悅者也」之長楚人之長，其實亦即仁之外在化而爲仁之節，而顯爲義，故似外而實非外，且必納之於仁，方有其義之義，方有其「外在的規律」之義。而「食色，性也」之性，更終有其爲仁之方。凡此皆告子之所忽。

因此之故，告子以義爲外，而只內守其仁，以不動其心，則其所守之仁，即爲一未在發展的狀態下之仁，其能不動之心，亦只是一陷於孤明的狀態下之心。

三

孟季子問公都子曰：「何以謂義內也？」

曰：「行吾敬，故謂之內也。」

「鄉人長於伯兄一歲，則誰敬？」
曰：「敬兄。」
「酌則誰先？」
曰：「先酌鄉人。」
「所敬在此，所長在彼，果在外，非在內也。」
公都子不能答，以告孟子，孟子曰：「敬叔父乎？敬弟乎？彼將曰『敬叔父』。曰：『弟為尸，則誰敬？』彼將曰：『敬弟。』子曰：『惡在其敬叔父也？』彼將曰：『在位故也。』子亦曰：『在位故也。庸敬在兄，斯須之敬在鄉人。』」
季子聞之，曰：「敬叔父則敬，敬弟則敬，果在外，非由內也。」
公都子曰：「冬日則飲湯，夏日則飲水，然則飲食亦在外也？」

於此孟季子的心思，所以一時轉不過來，那只是因爲此心思之一直外用，只知落到對象上，而不能一反其主體性。

公都子知「行吾敬」爲內，而識此敬之主體。但當其心思落到一一的具體事物上，則陷落其主體性而不自覺，故反為孟季子所奪，經孟子之一點醒，方始知之。那只是敬意在內。

四

公都子曰：「告子曰：『性無善無不善也。』或曰：『性可以為善，可以為不善。是故文武興，則民好善；幽厲興，則民好暴。』或曰：『有性善，有性不善。是故以堯為君而有象，以瞽瞍為父而有舜；以紂為兄之子且以為君，而有微子啟，王子比干。』今曰『性善』，然則彼皆非與？」

孟子曰：「乃若其情，則可以為善矣，乃所謂善也。若夫為不善，非才之罪也。惻隱之心，人皆有之；羞惡之心，人皆有之；恭敬之心，人皆有之；是非之心，人皆有之。惻隱之心，仁也；羞惡之心，義也；恭敬之心，禮也；是非之心，智也。仁義禮智，非由外鑠我也，我固有之也。弗思耳矣。故曰：『求則得之，舍則失之。』或相倍蓰而無算者，不能盡其才者也。《詩》曰：『天生蒸民，有物有則，民之秉夷，好是懿德。』孔子曰：『為此詩者，其知道乎？故有物必有則，民之秉夷也，故好是懿德。』」

人之自然生命，終不安於自然生命，於此而有其向上一機，故恭敬之心，即此本有之向上機括；而羞惡之心，即此本有之自肯；是非之心，即此本有之明；惻隱之心，即此本有之悲。

本有之向上機括，由於本有之自肯；本有之自肯，由於本有之明；本有之明，由於本有之悲。

而本有之悲，則由於本有之情；本有之情，更由於本有之性。

此本有之性，亦即本有之心。此本有之心，亦即本有之理。此本有之理，是先天之理，亦即天理。因此之故，此本有之心，亦即天心；此本有之性，亦即天性。

由此天性而來之善，亦即由此天心而來之善，亦即由此天理而來之善。此乃本有之善，亦即最初的善。

順此最初的善，而有其情，而有其悲，而有其明，而有其自肯，而有其向上機括；並以其情，通於萬物；以其悲，淨化生命；以其明，截破無明；以其自肯，成其莊嚴，而肯定一切價值的世界；以其向上機括，自爲主宰，而截斷一切退墮的根源。此即萬善之所由至。故曰：「乃若其情，則可以爲善矣，乃所謂善也。」

此「所謂善」，既爲萬善之所由至，故言其實，即爲至善。由此當知：人性之善，實乃至善。至善本有，故曰：「我固有之也。」至善本有於泰初，其流不斷，故曰：「求則得之。」至善是至理，而有物即有至理，故曰：「有物必有則。」至善是本心，民之秉夷，即秉是心，即秉此本心。故曰：「民之秉夷也，故好是懿德。」

由最初的善而有性善，而由最初的善所引生之原始的惡或原始的罪，則有性不善。

由最初的善，而可以爲善；則由此最初的善所引生之原始的惡或原始的罪，自亦可以爲不善。

只不過原始的惡或原始的罪，終無自性，因之一悔改，就永生，一回頭，就是父，故實無不善。惟既無不善，則亦可謂無善，此可就至善的自然狀態而言，此可就至善之絕對狀態而言，此亦可就至善在未發展或展開之狀態而言。此後禪宗之「不思善不思惡」，是就此最後之一種狀態下做工夫。而此後王陽明天泉證道時之所謂「無善無惡」，則是就此絕對狀態說。若告子之說，則近乎至善的自然狀態，惟因其把握不定，故又近乎落到就自然生命上說話了。

五

孟子曰：「富歲，子弟多賴，凶歲，子弟多暴，非天之降才爾殊也，其所以陷溺其心者然也。今夫麰麥，播種而耰之，其地同，樹之時又同，浡然而生，至於日至之時，皆熟矣。雖有不同，則地有肥磽，雨露之養，人事之不齊也。故凡同類者，舉相似也。何獨至於人而疑之？聖人與我同類者。故龍子曰：『不知足而為屨，我知其不為蕢也』。屨之相似，天下之足同也。口之於味，有同耆也。易牙先得我口之所耆者也。如使口之於味也，其性與人殊，若犬馬之與我不同類也，則天下何耆皆從易牙之於味也？至於味，天下期於易牙，是天下之口相似也。惟耳亦然。至於聲，天下期於師曠，是天下之耳相似也。惟目亦然，至於子都，天下莫不知其姣也。不知子都之姣者，無目者也。故曰：口之於味也，有同耆焉；耳之於聲也，有同聽焉；目之於色也，有同美焉。至於心，獨無所同然乎？心之所同然者，何也？謂理也，義也。聖人先得我心之所同然耳。故理義之悅我心，猶芻豢之悅我口。」

「類」之所以成，乃成於異中之同，多中之一，亦即個別中的一般性，或個體性中的通性。

「類」是由一本而萬殊，又由萬殊而歸於一路，通於一氣，聯為一體。

個體由「類」而獲其「無限」，獲其永恆，獲其不朽。個體的存在，決定於類；個體的意義，決定於類；個體的價值，決定於類。而類亦復由個體而顯現其眞，顯現其善，顯現其美，顯現其爲實質。因之「類」之有無，決定於個體；「類」之發展，決定於個體；「類」之完成，亦決定於個體。類以個體爲內容，因之亦以此個體性的自由之存在、發展與完成爲內容。

凡屬同類，皆有其個別性，或個體性，又具備其一般性，或通性，且特顯其一般性，或通性，故曰：「舉相似也。」於此，麥如是，人亦如是。而人之足、口、耳、目與心，亦復如是。

易牙之味，有其個別性或個體性，而其「先得我口之所耆」，則特顯其一般性或通性，故「至於味，天下期於易牙」。師曠之聲，子都之美，亦復如是。

聖人之理，是某聖人之理；聖人之義，是某聖人之義。這是某聖人之心的個別性或個體性。必有此某聖人之心，方有此某聖人之理，方有此某聖人之義。

惟聖人之理，又是一般人之理，或通理；惟聖人之義，又是一般人之義，或通義；此即表示聖人之心的一般性或通性。必有此人人所通之心，方有此人人所同之理，方有此人人所同之義。

於此，聖人之理義，有其個別性或個體性，而其「先得我心之所同然」，則特顯其一般性或通性。故「理義之悅我心，猶芻豢之悅我口」。

惟「芻豢之悅我口」，終是我口之以芻豢爲對，有對即「悅」終屬有限。若「理義之悅我心」，則是我心之與理義爲一，因之，心即理，心即義，而不復有對。不復有對，即屬無對，無對則其悅即屬無限。

「富歲子弟多賴，凶歲子弟多暴」，乃是其心爲物所奪，爲物所化，爲物所陷溺，不復能與理義爲一，即不復能以理義爲悅。此非其心之有異於人人，此非其質之有異於人類，故曰：「非天之降才爾殊也。」

於此，人性之善，仍不能不是人類應有之一最根本的肯定。

六

孟子曰：「牛山之木嘗美矣。以其郊於大國也，斧斤伐之，可以為美乎？是其日夜之所息，雨露之所潤，非無萌蘖之生焉。牛羊又從而牧之，是以若彼濯濯也。人見其濯濯也，以為未嘗有材焉，此豈山之性也哉？雖存乎人者，豈無仁義之心哉？其所以放其良心者，亦猶斧斤之於木也。旦旦而伐之，可以為美乎？其日夜之所息，平旦之氣，其好惡與人相近也者幾希，則其旦晝之所為，有梏亡之矣。梏之反覆，則其夜氣不足以存；夜氣不足以存，則其違禽獸不遠矣。人見其禽獸也，而以為未嘗有才焉者，是豈人之情也哉？故苟得其養，無物不長；苟失其養，無物不消。孔子曰：『操則存，舍則亡；出入無時，莫知其鄉。』惟心之謂與？」

我人於此當知：法力不可思議，業力亦不可思議；上帝的力量不可思議，撒旦的力量亦不可思議；從而最初的善不可思議；原始的惡或原始的罪，亦不可思議。

「操之」，則此最初之善，亦即所謂「夜氣」，則「足以存」；「舍之」，則此原始的惡或原始的罪，「梏之反覆」，即使其亡，而代之以起。上帝與法力，無時不從那裏出；撒旦與業力，亦即無時不從那裏入。上帝與法力，無時不從那裏入；撒旦與業力，亦即無時不從那裏出。一出一入，無時不然，出出入入，無所止，亦無所向，故「莫知其鄉」。因此之故，人禽之辨，至爲不易；義利之分，亦至爲不易；華夷之別，亦至爲不易。惟於此，而不忘其最根本之肯定，並知「利貞者，性情也」，則把握著此性情之理，謹遵著此性情之教，總會是一個大把柄，總會是在人類的無窮無盡的實踐上，有其一個大把柄。由此而不「放其良心」，以使性情作主，以期性情行事，那便是所謂：

「苟得其養，無物不長。」

七

孟子曰：「魚，我所欲也；熊掌，亦我所欲也。二者不可得兼，舍魚而取熊掌者也。生，亦我所欲也；義，亦我所欲也。二者不可得兼，舍生而取義者也。生亦我所欲，所欲有甚於生者，故不為苟得也。死亦我所惡，所惡有甚於死者，故患有所不辟也。如使人之所欲莫甚於生，則凡可以得生者，何不用也？使人之

所惡莫甚於死者，則凡可以辟患者，何不為也？由是則生而有不用也，由是則可以辟患而有不為也。是故所欲有甚於生者，所惡有甚於死者。非獨賢者有是心也，人皆有之。賢者能勿喪耳。一簞食，一豆羹，得之則生，弗得則死，嘑爾而與之，行道之人弗受；蹴爾而與之，乞人不屑也。萬鍾則不辨禮義而受之，萬鍾於我何加焉？為宮室之美，妻妾之奉，所識窮乏者得我與？鄉為身死而不受，今為宮室之美為之；鄉為身死而不受，今為妻妾之奉為之；鄉為身死而不受，今為所識窮乏者得我而為之；是亦不可以已乎？此之謂失其本心。」

在這裏，一個人如眞能知其一己之自然生命，終歸於盡，並眞能不安於盡，則其「捨生取義」，正所以憑此一「義」，以通向永恆，以通向無限，並安於永恆，安於無限，而有其眞正之生命，而有其永生，而有其大生。此即所謂道義之生命。由此道義之生命，構成歷史之生命，即爲永生；由此道義之生命，構成文化之生命，即爲大生。因此之故，捨生取義，正是以大易小，以永易暫。

只不過，一個人終因其對一己自然生命之執著，而不能眞知「所欲有甚於生者」，而不能痛感「所惡有甚於死者」，故亦不能確切有其對「義」之認識。

惟其不能確切有其對義之認識，亦非其本心不能確切有其對義之認識。此在賢者之心能之，此在眾人之心亦能之。蓋有人性之善，即有本心之明。有本心之明，即有其對義之確切認識。故曰：「非獨賢者有是心也，人皆有之。」有之，即能識之。

而其所以不識，實由無明，無明由於喪心。但能不虧其性，亦即能不喪其心。惟賢者能不虧其性之善，故曰：「惟賢者能勿喪耳。」

而其所以會虧其性之善，要皆爲受其物之累。簞食豆羹，嘑爾蹴爾而與之，身死而不受，此乃因物小則受其物之累亦小。「萬鍾則不辨禮義而受之」，此則因物大而受其物之累亦大。惟性情之貞者，終不因物大之累，而虧其性之善；不虧其性之善，即不喪其心之良；不喪其心之良，即不失其心之明；不失其心之明，即不失其本心而惟義之識。至此，則反因物累之愈大，而愈顯其義之正，愈顯其心之靈，並愈顯其性情之厚。以此並愈知人性之善的一大肯定，儘是大機，而我們的聖哲的性情之教，則儘是大用。

八

孟子曰：「仁，人心也；義，人路也。舍其路而弗由，放其心而不知求，哀

哉。人有雞犬放，則知求之；有放心，而不知求。學問之道無他，求其放心而已矣。」

仁爲人心之仁，不仁則病狂喪心。義爲人道之義，不義則走頭無路。捨其義路，自甘無路；放其仁心，自願喪心，故曰：「哀哉。」

學問之道，能求其所放失之仁心，則此學問，即非其他學問之可比。且當放失之仁心，求得之後，則仁心即成爲人心，而人心與仁爲一，亦正爲人心之所以爲人心，故曰：「仁，人心也。」因之，此一學問之道，實即心性之學；惟心性之學，始能求其放心；亦惟求其放心，始成心性之學，並從而作成性情之教。

義乃人人循此性情之教而實踐之路，因成人道，故曰：「人路也。」

以仁爲心，以義爲路，而居仁由義，此即所以求其放心。人類之學，應以此爲根本，亦以此爲最重且大。故曰：「學問之道無他，求其放心而已矣。」

九

孟子曰：「今有無名之指，屈而不信，非疾痛害事也，如有能信之者，則不遠秦楚之路，為指之不若人也。指不若人，則知惡之。心不若人，則不知惡，此之謂不知類也。」

「不若人」而知惡之，那是知恥，那是發自羞惡之心，那是發自「義」之端，那亦是自「義」而來，那亦正是表明一個人的精神的強度。

只不過一個人的精神的強度，終應表明於其應當表明之所在，而義亦須顯現於其應當顯現之場合。如非其所在，如非其場合，則精神強度之表明與義之顯發，即爲不智，即爲不知類。而指之與心，自屬不能比，自屬不類。

因此之故，必須於「心不若人」而知惡之，始足以言一個人的眞正的精神強度，以及一個人的「義」。

十

孟子曰：「拱把之桐梓，人苟欲生之，皆知所以養之。至於身，而不知所以養之者，豈愛身不若桐梓哉？弗思甚也。」

此則必須知所以「主宰」之，始足以言「所以養之」。人皆對拱把之桐梓，知所以主宰之，故「人苟欲生之，皆知所以養之」。其欲生之，即所以左右之；其左右之，即主宰之。對一己之身，人每不知所以主宰之。不知所以主宰之，即不知所以左右之。若眞能左右之，則即爲自作主宰而首出庶物。此西哲蘇格臘底氏所以有「能左右一己，即能左右世界」之言。實則，眞能左右一己，即知所以養其一己；知所以養其一己，亦即知所以養父母，養四海，養天下。

惟人人原皆爲其一己一身之主，其所以未能主宰之，未能左右之，未能養之，實皆由其過於昧其一己，昧其一身，而非不愛其一己一身。故曰：「弗思甚也。」

對拱把之桐梓，可以目遇；而對一己一身，則須反而思及之。此所以不易。

十一

孟子曰：「人之於身也，兼所愛。兼所愛，則兼所養也，無尺寸之膚不愛焉，則無尺寸之膚不養也。所以考其善不善者，豈有他哉？於己取之而已矣。體有貴賤，有小大，無以小害大，無以賤害貴。養其小者為小人，養其大者為大人。今有場師，舍其梧檟，養其樲棘，則為賤場師焉。養其一指而失其肩背，而不知也，則為狼疾人也。飲食之人，則人賤之矣，為其養小以失大也。飲食之人無有失也，則口腹豈適為尺寸之膚哉？」

此亦必須「自作主宰」。大凡作得主，即養得大；養得大，即養得全；養得全，即養得好；養得好，方爲大人。亦惟大人，方能「自作主宰」。反之，作不得主，便只是小。小者只見其小；只見其小，即只養其小；只養其小，即「以小害大，以賤害貴」，而爲小人，爲賤人。

飲食之人，如以飲食爲主，「則人賤之矣」。飲食之人，如爲「自作主宰」以「無有失也」而飲食，則儘是「養得好」，則儘是人性之善。

十二

公都子問曰：「鈞是人也，或為大人，或為小人，何也？」

孟子曰：「從其大體為大人，從其小體為小人。」

曰：「鈞是人也，或從其大體，或從其小體，何也？」

曰：「耳目之官不思，而蔽於物，物交物，則引之而已矣。心之官則思，思則得之，不思則不得也。此天之所與我者，先立乎其大者，則其小者不能奪也。此為大人而已矣。」

思則有主，此因思之者即爲主。必自爲主宰，方自思之，必自思之，方使「自」爲主宰，方能主宰自爲。此主宰自爲，乃自「心之官則思」而來，故人之心，爲人之主宰。此主宰自爲，乃自此心爲「天之所與我者」而來，故天之心，又爲人之主宰。於此人天爲一，自「先立乎其大者」。大者已立，則心之思，即心之明；心之明，即物之透。能透過物，即不蔽於物。不蔽於物，即不致「物交物，則引之而已矣」而化於物。故曰：「則其小者不能奪也。」

於此，「思則得之」，則立得大；立得大，則服得小；服得小，則不從小體而從大體。而從大體，便自作主；作得主，便自為大人。故曰：「此為大人而已矣。」此則必須自肯。

十三

孟子曰：「有天爵者，有人爵者。仁義忠信，樂善不倦，此天爵也。公卿大夫，此人爵也。古之人修其天爵，而人爵從之。今之人修其天爵，以要人爵。既得人爵，而棄其天爵，則惑之甚者也，終亦必亡而已矣。」

天不能予人以爵，惟「天視自我民視，天聽自我民聽」，人亦自可予人以天爵，此天爵即相當所謂「社會地位」。而我命自天，人更可自予其一己以天爵，此天爵即又同於一個人在人格世界中之地位。

公卿大夫之人爵，是一種政治地位。「修其天爵而人爵從之」，是由一個人在人格世界中之地位，到一個人的社會地位，再到一個人的政治地位。此即所謂「有大德者必得其位」。

若以其在人格世界中之地位及其社會地位，換取其政治地位，且於取得之後，又不顧其一己在人格世界中所獲之地位，及其所獲之社會地位，而放棄之，這就是一大顛倒，並可終歸於幻滅。故曰：「終亦必亡而已矣。」

十四

孟子曰：「欲貴者，人之同心也。人人有貴於己者，弗思耳。人之所貴者，非良貴也。趙孟之所貴，趙孟能賤之。《詩》云：『既醉於酒，既飽以德。』言飽乎仁義也，所以不願人之膏粱之味也；令聞廣譽施於身，所以不願人之文繡也。」

人之所以欲貴，乃基於人性之最初的善，自求發展，自求擴充，以期獲得其更大之心靈，更高之生命，與夫更爲博厚而悠久之性情，凡此皆爲對「常」之肯定，而非對「變」的追求。惟「常」所貴者，方爲「良貴」。而可變之貴，則即爲「趙孟之所貴，趙孟能賤之」，實則非貴。且因其於心靈、於生命、於性情，皆毫無所增益，並可從而累及之，又何可貴？

「飽乎仁義」及「令聞廣譽施於身」，則不願人之膏粱之味與文繡，實因前者乃自貴之道，而後者則爲思引以爲貴之物，有時適足以顯其自卑之情，故反爲人所賤。

十五

孟子曰：「仁之勝不仁也，猶水勝火。今之為仁者，猶以一杯水，救一車薪之火也。不熄，則謂之水不勝火，此又與於不仁之甚者也。亦終必亡而已矣。」

人性之善，終可勝習染之惡，惟未能擴而充之，則即爲以杯水救車薪之火，終必亡其最初之善，而只見人性之惡。仁與不仁亦由此而分。故爲仁實爲一永續不斷之實踐，不能有所限，有所止。纔有所限，纔有所止，而於人性之善，無所肯定，即易歸於不仁。

十六

孟子曰：「五穀者，種之美者也。苟為不熟，不如荑稗。夫仁亦在乎熟之而已矣。」

此亦正如仁之爲一杯之水，必不勝不仁之爲一車薪之火。不熟之仁，即無實之仁。

人性之最初的善，如不得其養，從而充之，則人性原始之惡，即足以起而乘之，以成其惡。雖原始之惡，並無實性，但亦儘足爲患。此即所謂「人心惟危，道心惟微」。在此危微之際，必須具備其「惟精惟一，允執厥中」之實踐工夫，始足以言仁性之養。而無實之仁，即不得其養之仁。

仁得其養，方有其「實」；仁有其實，方有其「熟」。「熟之」乃實踐之熟。實踐之熟，乃實踐之純。「純亦不已」，則過化存神。故曰：「夫仁亦在乎熟之而已矣。」

十七

孟子曰：「羿之教人射，必志於彀。學者亦必志於彀。大匠誨人，必以規矩，學者亦必以規矩。」

對人性最初之善，能有其一大根本之肯定，又有「養其大者」之養，且有「先立乎其大者」之大，終有其「亦在乎熟之而已矣」之熟，自可幾於完成。然猶有其搖擺不定處，此則必志於彀，必以規矩，方足以言眞正實踐之學。

第十二講　成己之論：禮、禮物與君子之自處——告子章

下

一

任人有問屋廬子曰：「禮與食孰重？」曰：「禮重。」「色與禮孰重？」曰：「禮重。」曰：「以禮食，則飢而死；不以禮食，則得食。必以禮乎？親迎，則不得妻；不親迎，則得妻。必親迎乎？」屋廬子不能對。明日之鄒以告孟子。孟子曰：「於答是也何有？不揣其本而齊其末，方寸之木可使高於岑樓。金重於羽者，豈謂一鉤金與一輿羽之謂哉？取食之重者與禮之輕者而比之，奚翅食重？取色之重者與禮之輕者而比之，奚翅色重？往應之曰：『紾兄之臂而奪之

食，則得食；不紾，則不得食。則將紾之乎？踰東家牆而摟其處子，則得妻；不摟，則不得妻。則將摟之乎？」

人道之所以可貴，總在賦物質以精神之意義。而一個人由僅屬於一個自然世界之自然生命，進入一個人文世界中，能有其歷史文化之生命，亦正在此賦物質以精神之意義上。人性之善之一大根本肯定，亦正可在此等處，見其究竟。禮重於食，乃重其食之精神意義與精神價值；禮重於色，乃重其色之精神意義與精神價值。而其所以須著重之故，則正因人禽之辨，以至義利之分與夫華夷之別，都是建基於此等處。於此，「纔提起，便是天理；纔放下，便是人欲」（明儒張伯行語）。向上一機，由此而得；退墮之機，亦由此而得。且一向上，即有其繼續不斷之超越；而一退墮，即有其無窮無盡之殺機。清明與混沌，在此有其清楚之界線劃分；整個人間與整個宇宙之秩序與亂紛紛，亦在此等處，而有其決定之點。

二

曹交問曰：「人皆可以為堯舜，有諸？」

孟子曰：「然。」

「交聞文王十尺，湯九尺。今交九尺四寸以長，食粟而已，如何則可？」

曰：「奚有於是？亦為之而已矣。有人於此，力不能勝一匹雛，則為無力人矣。今日舉百鈞，則為有力人矣。然則舉烏獲之任，是亦為烏獲而已矣。夫人豈以不勝為患哉？弗為耳。徐行後長者謂之弟。疾行先長者謂之不弟。夫徐行者，豈人所不能哉？所不為也。堯舜之道，孝弟而已矣。子服堯之服，誦堯之言，行堯之行，是堯而已矣。子服桀之服，誦桀之言，行桀之行，是桀而已矣。」曰：

「交得見於鄒君，可以假館，願留而受業於門。」

曰：「夫道，若大路然，豈難知哉？人病不求耳。子歸而求之，有餘師。」

這都是從人性之善的一大根本肯定上說。這只是順人性之最初的善，而一直下來的事。這是大順之道。大順之道，是「若大路然」，人人都見，人人都可走，故曰：「豈難知哉？」人人都有，人人都可「當下即是」，故曰：「人病不求耳。」人人都能，人人都可為之師。故曰：「子歸而求之，有餘師。」

既人人都有、人人都見、人人都能，便自「人皆可以爲堯舜」。

根據人性之善，堯舜之道可以致太平。根據人性之善，孝弟之道，亦儘可以致太平。於此，由人性之善，到孝弟之道；又由孝弟之道，到堯舜致太平之道，又都是一直下來的事。故曰：「堯舜之道，孝弟而已矣。」

三

宋牼將之楚，孟子遇於石丘。曰：「先生將何之？」曰：「吾聞秦楚構兵，我將見楚王說而罷之。楚王不悅，我將見秦王說而罷之。二王我將有所遇焉。」曰：「軻也請無問其詳，願聞其指。說之將如何？」曰：「我將言其不利也。」曰：「先生之志則大矣。先生之號則不可。先生以利說秦楚之王，秦楚之王悅於利，以罷三軍之師。是三軍之士樂罷而悅於利也。為人臣者，懷利以事其君；為人子者，懷利以事其父；為人弟者，懷利以事其兄；是君臣、父子、兄弟終去仁義，懷利以相接，然而不亡者，未之有也。先生以仁義說秦楚之王，秦楚之王悅於仁義，而罷三軍之師，是三軍之士樂罷而悅於仁義也。為人臣者，懷仁義以事其君；為人子者，懷仁義以事其父；為人弟者，懷仁義以事其兄；是君臣、父子、兄弟去利，懷仁義以相接也。然而不王者，未之有也。何必曰利？」

戰爭會由於人類本性上最初的善而至，更會由於人類本性上原始的惡或原始的罪而來。由前而言，那便是義戰，是正義之戰，是為和平與致太平之戰。由後而言，那便是利戰，是不義之戰，是爭奪與從事權力意志之戰。

由對於人性之善的一大根本肯定，自亦必有此對義戰之一不得已的肯定。只不過在此一對義戰之無可如何的肯定上，終有其一大機括，此可由此無可如何之不得已的肯定，一轉而為純爭奪、純殺伐，以成唯利之戰；亦可由此無可如何之不得已的肯定，一轉而為和平、而為無戰，以成其以戰止戰之戰。此一大機括，即是所謂罷戰之「號」。

宋牼以利為「號」，其結果必然是戰爭的循環不止，終必至於戰亂之際，人人更「懷利以相接」，其勢自須全歸毀滅而後已，故曰：「然而不亡者，未之有也。」

於此而反之以仁義，則以仁義為「號」，終將使戰爭漸納入於仁義。並於仁義之中，終有其和平，終有其戰爭之停息，以竟其以戰止戰之功。而能以此仁義之戰，以止一切唯利之戰，便即為行仁義於天下，而可以王。故曰：「然而不王者，未之有也。」

因此之故，根據人性之善，仁義作了政治經濟與人生之歸宿，又作了戰爭之歸宿。

四

孟子居鄒，季任為任處守，以幣交，受之而不報。處於平陸，儲子為相，以幣交，受之而不報。他日由鄒之任，見季子。由平陸之齊，不見儲子。屋廬子喜曰：「連得閒矣。」問曰：「夫子之任見季子，之齊不見儲子，為其為相與？」曰：「非也。《書》曰：『享多儀。儀不及物，曰不享，惟不役志於享。』為其不成享也。」屋廬子悅。或問之，屋廬子曰：「季子不得之鄒，儲子得之平陸。」

通常之禮物，在人文世界裏，在人有其歷史與文化之生命，而被套入於一大歷史文化之系統以後，會有實質之意義，更會有其實質以上之意義。且此實質以上之意義，較其實質之意義，隨人文之進展，而益增大，因益富其禮物之莊嚴性。於此禮物之上，有人；人之上，有人性之善；人性之善上，有心靈與心靈之交往。心靈與心靈之交往上，有生命與生命之勾通；生命與生命之勾通上，有性情與性情之接觸，從而使性情遍在於人間，並從而讓性情瀰漫於寰宇。故曰：「享多儀」。

五

淳于髡曰：「先名實者，為人也。後名實者，自為也。夫子在三卿之中，名實未加於上下而去之，仁者固如此？」

孟子曰：「居下位，不以賢事不肖者，伯夷也。五就湯，五就桀者，伊尹也。不惡汙君，不辭小官者，柳下惠也。三子者不同道，其趨一也。一者何也？曰：仁也。君子亦仁而已矣，何必同？」

曰：「魯繆公之時，公儀子為政。子柳，子思為臣，魯之削也滋甚。若是乎賢者之無益於國也？」

曰：「虞不用百里奚而亡，秦穆公用之而霸。不用賢則亡，削何可得與？」

曰：「昔者王豹處於淇，而河西善謳。緜駒處於高唐，而齊右善歌。華周杞梁之妻善哭其夫，而變國俗。有諸內必形諸外；為其事而無其功者，髡未嘗覩之也。是故無賢者也，有則髡必識之。」

曰：「孔子為魯司寇，不用。從而祭，燔肉不至，不稅冕而行。不知者以為為肉也；其知者以為為無禮也。乃孔子則欲以微罪行，不欲為苟去。君子之所

為，眾人固不識也。」

我人於此當知：賢者只須對人性之善，有其一大根本肯定，並從而絕對肯定其一己，充實其一己，善養其一己之大者，以具足其善的一切主觀條件，即有其一己之完成，其他一切外在之事物，並無所增於其一己之完成，亦無所損於其一己之完成。

一個人的「名實未加於上下」，有其一己主觀的條件，更有其種種客觀的條件，且於其間，有人事，又有天命。在無可如何之中，亦儘不妨「後名實」。

惟於此，「後名實者」，亦不一定是「自爲也」，而「先名實者」，亦不一定是「爲人也」。如眞爲賢者，則其所趨，總會是相互一致的，此即行其心之所安。其心之所安爲仁，則其所趨，自亦爲仁。故曰：「君子亦仁而已矣，何必同？」

「有諸內必形諸外」，惟形於外者不必盡合於外。「爲其事而無其功」，則因縱有其功，亦非一般人所能立見其功。在此等處去論人，必須有其大智慧。在此等處論世，先須有其好心腸。曰：「君子之所爲，眾人固不識也。」此乃因眾人多不足以語此論人之一番大智慧，與夫論世之一副好心腸。

六

孟子曰：「五霸者，三王之罪人也。今之諸侯，五霸之罪人也。今之大夫，今之諸侯之罪人也。天子適諸侯曰巡狩，諸侯朝於天子曰述職。春省耕而補不足，秋省歛而助不給。入其疆，土地辟，田野治，養老尊賢，俊傑在位，則有慶，慶以地。入其疆，土地荒蕪，遺老失賢，掊克在位，則有讓。一不朝，則貶其爵；再不朝，則削其地；三不朝，則六師移之。是故天子討而不伐，諸侯伐而不討。五霸者，摟諸侯以伐諸侯者也。故曰：五霸者，三王之罪人也。五霸，桓公為盛，葵丘之會諸侯，束牲、載書而不歃血。初命曰：『誅不孝，無易樹子，無以妾為妻。』再命曰：『尊賢育才，以彰有德。』三命曰：『敬老慈幼，無忘賓旅。』四命曰：『士無世官，官事無攝；取士必得，無專殺大夫。』五命曰：『無曲防，無遏糴，無有封而不告。』曰：『凡我同盟之人，既盟之後，言歸于好。』今之諸侯，皆犯此五禁，故曰：今之諸侯，五霸之罪人也。長君之惡其罪小；逢君之惡，其罪大。今之大夫，皆逢君之惡。故曰：今之大夫，今之諸侯之罪人也。」

在這裏，世局之日下，正所以表明其時心靈開發之頓挫，與其時土地開發之受阻。人不能成其一己，即不能成其家國；人不能治其土地，即無由免於戰亂。而世局之步步下降，至於極點，亦終將有其一己之回頭，與夫土地之新闢，以此而重建其家邦，重歸於治，這便是貞下起元。當一起元時，即又重新有其心靈的更大開發，即又重新有其土地的更大開發，遂更由元而亨。於此，世局即獲其步步之進展，而於此，世局亦利於其步步之進展。然當由亨而利，即又由利而貞。以此而又見世局之變，近似循環。惟君子能於此成其一己，則儘有其天樞之默運。

三王之時，「土地辟，田野治」，這是土地有其良好之開發。「養老尊賢，俊傑在位」，這是心靈有其良好之開發。由此更「慶以地」，則是加速其土地與心靈之開發。否則，即以貶爵、削地及「六師移之」，以端正其土地與心靈之開發。因此，三王之治，其真正之把柄，便只是道德與生產。而所謂道德，又只是本於性情；而所謂生產，亦只是回歸大地。

五霸有其五禁，而其五禁之精神，亦無非是求道德與生產之聯繫，求人性與大地之聯結，而免其更分，免其間隔。

至「犯此五禁」之諸侯，實已造成其時心靈開發與其時土地開發上之脫節，故無由成其家國，亦無由免於戰亂。而其大夫之「逢君之惡」，則更加速此土地與心靈開發上之脫節，與夫戰亂之循環和國家之崩潰及社會之崩潰。

孟子於此正視世局之推移，亦正所以從事天樞之默運。

七

魯欲使慎子為將軍。孟子曰：「不教民而用之，謂之殃民。殃民者，不容於堯舜之世。一戰勝齊，遂有南陽，然且不可。」慎子勃然不悅曰：「此則滑釐所不識也。」曰：「吾明告子。天子之地方千里。不千里，不足以待諸侯。諸侯之地方百里。不百里，不足以守宗廟之典籍。周公之封於魯，為方百里也。地非不足也，而儉於百里。太公之封於齊也，亦為方百里也。地非不足也，而儉於百里。今魯方百里者五，子以為有王者作，則魯在所損乎？在所益乎？徒取諸彼以與此，然且仁者不為，況於殺人以求之乎？君子之事君也，務引其君以當道，志於仁而已。」

這是說心靈的開發，遠較重要、遠較迫切。而且只有在心靈的繼續不斷的開發，能爲其一大前提之下，土地的開發，方有其無窮無盡的重大意義。君子「務引其君以當道」，即是務引其君先之以心靈的繼續不斷之開發。而此心靈之繼續不斷的開發，即是志於仁。如志於仁，則必「王」，王則自有其土地的開發之道。以道德結合生產，以人性結合土地，不必土地之求，亦不在土地之大。故曰：「一戰勝齊，遂有南陽，然且不可。」

八

孟子曰：「今之事君者曰：『我能為君辟土地，充府庫。』今之所謂良臣，古之所謂民賊也。君不鄉道，不志於仁，而求富之，是富桀也。『我能為君約與國，戰必克。』今之所謂良臣，古之所謂民賊也。君不鄉道，不志於仁，而求為之強戰，是輔桀也。由今之道，無變今之俗，雖與之天下，不能一朝居也。」

財政經濟，不是國家的首要；若無教化，則其君爲桀，財政經濟，只能爲「富桀」之道。

外交軍事，不是國家的首要；若無教化，則其君爲桀，外交軍事，只能爲「輔桀」之方。

不以教育風化爲先，不以歷史文化爲重，實不足以言國家基礎之固，故曰：「雖與之天下，不能一朝居也。」

九

孟子曰：「君子不亮，惡乎執？」

我人於此當知：把握一己是「執」，默運天樞也是執。而把握一己以默運天樞，更是執；同時，默運天樞，以把握一己，尤其是執。其「執」之把柄，只是「亮」。此君子之自處。

十

魯欲使樂正子為政。孟子曰：「吾聞之，喜而不寐。」公孫丑曰：「樂正子強乎？」曰：『否。』「有知慮乎？」曰：「否。」「多聞識乎？」曰：「否。」「然則奚為喜而不寐？」曰：「其為人也好善。」「好善足乎？」曰：「好善優於天下，而況魯國乎？夫苟好善，則四海之內，皆將輕千里而來告之以善。夫苟不好善，則人將曰：『訑訑，予既已知之矣。』訑訑之聲音顏色，距人於千里之外。士止於千里之外，則讒諂面諛之人至矣。與讒諂面諛之人居，國欲治，可得乎？」

只一好善，就見性情，見天性。惟性情方能接觸人間的性情；惟天性方能有一世之人才。強與知慮，終須本於性情，而「多聞識」，亦未可非性情。因之，求人才，亦只能求之於天性之中。

由此，一善而納百善，即一才而用眾才，「讒諂面諛之人」，即無從而至。故曰：「好善優於天下。」

好善之人至，則善湧至。以此而必有其政之善，自應「喜而不寐」。

十一

陳子曰：「古之君子何如則仕？」孟子曰：「所就三，所去三。迎之致敬以有禮，言將行其言也，則就之。禮貌未衰，言弗行也，則去之。其次，雖未行其言也，迎之致敬以有禮，則就之。禮貌衰，則去之。其下，朝不食，夕不食，飢餓不能出門戶，君聞之曰：『吾大者不能行其道，又不能從其言也。使飢餓於我土地，吾恥之。』周之，亦可受也，免死而已矣。」

此等自處之道，亦即一個人所以自肯之道。「迎之致敬以有禮」，乃對一己個人人格之尊嚴的肯定。而「言將行其言」，則是彼承認其精神，合乎一己之精神，而可使一己之精神，有其涵蓋之處，有其興發之方，有其安立之所。於此而就人，即不失其一己之大的自肯。其次之就人，則僅爲不失其一己之自肯。其下之就人，則僅爲不失其一己。過此以往，則無非是失其一己。失其一己，即非所以自處之道。

十二

孟子曰：「舜發於畎畝之中，傳說舉於版築之間，膠鬲舉於魚鹽之中，管夷吾舉於士，孫叔敖舉於海，百里奚舉於市。故天將降大任於是人也，必先苦其心志，勞其筋骨，餓其體膚，空乏其身，行拂亂其所為，所以動心忍性，曾益其所不能。人恆過，然後能改；困於心，衡於慮，而後作。徵於色，發於聲，而後喻。入則無法家拂士，出則無敵國外患者，國恆亡。然後知生於憂患而死於安樂也。」

人總是生於繼續不斷的憂患中，人總是生於繼續不斷的煩惱中，人總是生於繼續不斷的悔改中。

但亦只有在繼續不斷的悔改中，才有永生；只有在繼續不斷的煩惱中，才有菩提；只有在繼續不斷的憂患中，才有一個人的完成，才有一個國家的完成，以至一個天下的完成和一個宇宙的完成。

我人於此，終當了知：無窮無盡的悔改，即是永生；無窮無盡的煩惱，即是菩提；無窮無盡的憂患，即是完成。

人應以悔改爲教，人應以煩惱爲教，人更應以憂患爲教。此因在憂患中，會有其無可比擬的心靈；在憂患中，會有其無可比擬的生命；在憂患中，會有其無可比擬的性情。而憂患之教，亦就是性情之教。

亦可以說：是大憂患，就是大心靈；是大憂患，就是大生命；是大憂患，就是大性情。因此之故，是大憂患，也就是大完成。君子於此成己，故君子有憂；聖人於此「成能」，故聖人有憂。

耶穌生在伯利恆，那四周都是沙漠；在沙漠中，每一粒沙，都是象徵著悔改。釋迦牟尼生在恆河所經過的國度內，那一帶都是森林；在森林中，每一片葉，都象徵著煩惱；而我們的聖哲，則首先是生在我們的黃河流域中，那遍地都是黃土。在黃土裏，每一撮土都象徵著憂患。因此之故，對我們而言，我們也只能是「生於憂患」。而且是生於憂患之教裏，亦即是性情之教裏。

但我們又終於由此性情之教，使我們底於完成；但我們又終於由此憂患之教，使我們死於安樂。在性情之教中，我們知道君子之所爲。而「君子之所爲，固眾人所不識也」。在憂患之教中，我們知道君子之自處。而君子之自處，則總是認定「天將降大任於是人也」。

於此，我們在性情中成其一己；我們在憂患中，有其安樂。

十三

孟子曰：「教亦多術矣，予不屑之教誨也者，是亦教誨之而已矣。」

在這裏，所謂「不屑之教誨」，自然不會是就等於說：「撒旦，退去吧。」要知在性情之教中，已不復承認撒旦之存在；要知在憂患之教中，已不致更有撒旦之存在。我們根本肯定了人性最初之善，我們自否定了人類原始的惡或原始的罪。以此之故，我們的不屑教誨，仍是肯定，仍是教誨，故曰：「是亦教誨之而已矣。」這仍是讓人自成其一己之道。

第十三講　盡心之道：盡心知性知天與生命之永恒

（一）——盡心章　上

一

孟子曰：「盡其心者，知其性也。知其性，則知天矣。存其心，養其性，所以事天也。殀壽不貳，修身以俟之，所以立命也。」

於此，盡其內心之全德，以知其性情之本源；則一知其性，即知其天。亦即心同於性，性同於天。存其內心之清明，以養其性情之原善，則一養其性，即事其天。亦即心歸於性，性歸於天。

由此，「殀壽不貳」，修其一己之身，以俟其性天之所與於己者，即所以安立其一己之命，而上同於天，又上歸於天。

二

孟子曰：「莫非命也，順受其正。是故知命者，不立乎巖墻之下。盡其道而死者，正命也；桎梏死者，非正命也。」

既無不是性天所與於己，即無不是一己所有之命。故曰：「莫非命也。」於此，順其所與而受之，即上同於天。全其所與而歸之，即上歸於天。此皆本性情之貞，故曰：「順受其正。」知「順受其正」之命，則爲「全而歸之」，自必盡其性命之道而死。惟此始能不失其性情之貞，故曰：「正命。」

三

孟子曰：「求則得之，舍則失之，是求有益於得也。求在我者也。求之有道，得之有命，是求無益於得也。求在外者也。」

求其主觀的條件之具備，是「求在我者也」，此則我為主體。既為主體，即「求有益於得」，亦即所謂作得主，這是一決定一切。求其客觀的條件之具備，是「求在外者也」。此則我非主體。既非主體，即「求無益於得」，亦即所謂作不得主，這是一切決定一。讓一決定一切，是循其一己所應循之道。讓一切決定一，是安其一己所應有之命。

四

孟子曰：「萬物皆備於我矣，反身而誠，樂莫大焉。強恕而行，求仁莫近焉。」

只此心靈，是一大全；只此生命，是一大全；只此性情，是一大全。大全則無善不臻，無物不備。而我乃即此心靈，即此生命，即此性情，即此大全，故曰：「萬物皆備於我。」我上同於天，又反而同之於身。我上歸於天，又反而歸之於身。於此而能全而同之，全而歸之，而儘有其一等於一之誠，則自有其「大世界可享之樂」，故曰：「反身而誠，樂莫大焉。」

由此而有其對一切的信心，亦由此而有其對一切的涵蓋。在這裏，用得著的會只是恕道。而所用得著勉強的，也只是恕道。這是到達一切諧和、一切均衡，以至「雷雨之動滿盈」的一大捷徑。故曰：「強恕而行，求仁莫近焉。」

五

孟子曰：「行之而不著焉，習矣而不察焉，終身由之而不知其道者，眾也。」

只此便是心靈之道，只此便是生命之道，只此便是性情之道。無人不具備此心靈，但絕少人能眞識此心靈；無人不具備此生命，但絕少人能眞知此生命；無人不具備此性情，但絕少人能眞悟此性情。

六

孟子曰：「人不可以無恥，無恥之恥，無恥矣。」

孟子曰：「恥之於人大矣。為機變之巧者，無所用恥焉。不恥不若人，何若人有？」

總要求一個是，所以總有一個恥；人總要求一個好，所以總有一個恥；人總要求一個安，所以總有一個恥。因此，一個人的生命便有其眞的原則，便有其善的原則，便有其美的原則。而恥則總是恥於違此原則。必恥於違此原則，方有其向上一機。故曰：「人不可以無恥。」若不以違此原則爲恥，而反以未違此原則爲恥，那便是「無恥之恥」。以違此原則爲恥，則終可遵循此原則。不以違此原則爲恥，則即喪失此原則。故曰：「無恥之恥，無恥矣。」由此即永不能有其是、有其好、有其安。

而不恥其不是，不恥其不好，不恥其不安，則只有「爲機變之巧者」，方是如此。此則失其向上一機，亦即失其生命之本。自然會是「何若人有」？故曰：「恥之於人大矣。」在這裏，生命和恥，終是不可分、不可離。

七

孟子曰：「古之賢王，好善而忘勢。古之賢士，何獨不然？樂其道而忘人之勢，故王公不致敬盡禮，則不得亟見之。見且猶不得亟，而況得而臣之乎？」

一個人總是「內重則外輕」。好善則內重，故忘其外輕之勢。樂其道，亦所以獲其「內重」之道，故忘人之勢，亦即外輕人之勢。因此之故，惟致敬盡禮，對其有人格尊嚴上之絕大肯定，亦即「內重」上之絕大肯定，方能有彼此間之眞正接觸。

八

孟子謂宋句踐曰：「子好遊乎？吾語子遊：人知之，亦囂囂，人不知，亦囂囂。」

曰：「何如斯可以囂囂矣？」

曰：「尊德樂義，則可以囂囂矣。故士窮不失義，達不離道。窮不失義，故士得己焉。達不離道，故民不失望焉。古之人，得志，澤加於民。不得志，修身見於世。窮則獨善其身，達則兼善天下。」

盡心則知性知天，人知與否，自然會總是囂囂然。

窮不失義，則心存。達不離道，則性養。心存則「自作主宰」，故有其生命，得其一己。性養則「性情行事」，故莫非性情，民不失望。而於此得己事民，亦即所以事天。

「澤加於民」，固儘有其生命之不朽；「修身見於世」，亦儘有其生命之永恆。於此立其永恆不朽之生命，則窮居時，正可「獨善其身」；通達時，正好「兼善天下」。

九

孟子曰：「待文王而後興者，凡民也。若夫豪傑之士，雖無文王猶興。」

豪傑之士，只是自作主宰。自作主宰，只是自有心腸。自有心腸，只是自見生命。自見生命，只是自本性情。性情之興發，一有所待，便是凡民。而肝膽之洞見，則絕無所待，故曰：「雖無文王猶興。」

十

孟子曰：「附之以韓魏之家，如其自視欿然，則過人遠矣。」

這只是「內重」。既存於內者，有其無比之重量；則附於外者，自可視之爲「若有若無」。惟此重量，談何容易？故曰：「過人遠矣。」

十一

孟子曰：「以佚道使民，雖勞不怨。以生道殺民，雖死不怨殺者。」

一般言之，使爲自由，爲藝術而勞動，即勞而不怨。使爲生存，爲愛情而犧牲，即「雖死不怨殺者」。惟義道於此，實更爲佚道；仁道於此，實更爲生道。舉凡佚道與生道，要皆爲性情之道，要皆爲生命之道，要皆爲心靈之道。

十二

孟子曰：「霸者之民，驩虞如也。王者之民，皞皞如也。殺之而不怨，利之而不庸，民日遷善而不知為之者。夫君子所過者化，所存者神，上下與天地同流，豈曰小補之哉？」

王者盡其心於民，而民亦即自盡其心，而知其性，以知天。

王者存其心於民，而民亦自存其心，以養其性，而事天。由此，而王者之民，各立其命，便自「皞皞如也」。既各立其命，便整個是生道，整個是仁道，故「殺之而不怨」。既各立其命，便整個是佚道，整個是義道，故「利之而不庸」。而於其「殀壽不二，修身以俟之」之處，自「日遷善而不知為之者」。

我人於此當知，君子以其心靈，觸及一切的心靈，自會是「所過者化」。君子以其生命，接納一切的生命，自會是「所存者神」。君子以其性情，興發一切，而使一瓦一石皆有良知，一草一木皆有性情。由此性情與性情之交往，自會是「上下與天地同流」。

而霸者之民，則只是「小補」，故亦只是「驩虞如也」。

十三

孟子曰：「仁言，不如仁聲之入人深也。善政，不如善教之得民也。善政民畏之，善教民愛之。善政得民財，善教得民心。」

好聲音較之好言語，會更有其普遍性，會更有其直截性，故「仁言不如仁聲之入人深」。

好教化較之好政治，會更有其永久性，會更有其融合性，故「善政不如善教之得民」。由此而構成之歷史文化的傳統，自更較之政治的傳統，爲更有其悠久性，爲更有其莊嚴性。在精神的意義上說：「善教得民心」，自遠較「善政得民財」，爲重且大。

十四

孟子曰：「人之所不學而能者，其良能也。所不慮而知者，其良知也。孩提之童，無不知愛其親也。及其長也，無不知敬其兄也。親親，仁也，敬長，義也，無他，達之天下也。」

就「心同於性，性同於天」，以「知天」上說，則此「知天」，便是「良知」，此非可以「慮而知」之知。

就「心歸於性，性歸於天」，以「事天」上說，則此「事天」，便是「良能」，就非可以「學而能」之能。

孩提之童，一有其生命，即莫非天之所與，亦莫非親之所與，於此，知天事天與親親，便成一事。那只是一線下來的事，那只是一脈相承的事。由此達之天下，即爲一「澈上澈下」的事，這便是：「成性存存」，這便是仁。

孩提之童，一長其生命，則即見在其前者，莫非天之所與，亦莫非親之所與。於此，知天事天與敬長，便又成爲一件事。那只是一片相連的事，那只是前後相接的事。由此達之天下，即爲一「層次井然」的事。這便是「各正性命」，這便是義。

在生命上，人固有其良知，即本有其一己生命之永恆。在性情上，人固有其良能，即本有其一己性情之無限。而所慮而知者，則只是斷見；所學而能者，則只是機巧。由前而言，那便是術智；由後而言，那便是技能。

十五

孟子曰：「舜之居深山之中，與木石居，與鹿豕遊，其所以異於深山之野人者幾希。及其聞一善言，見一善行，若決江河，沛然莫之能禦也。」

這是舜的心靈的奇蹟，這是舜的生命的奇蹟，這是舜的性情的奇蹟。這原本是人人所能具備的奇蹟，這亦是深山野人所能具備的奇蹟。但其聞善行，見善行，而無動於衷，則即表明其心靈的強度之欠缺，表明其生命的強度之欠缺，表明其性情的強度之欠缺。而舜於此，竟能「若決江河，沛然莫之能禦」，則儘足表明其心靈與其生命，以及其性情之力量，而爲天行之「健」，並儘足知天事天以立其命，而特具備其奇蹟於「與木石居與鹿豕遊」之深山中。

十六

孟子曰：「無為其所不為，無欲其所不欲，如此而已矣。」

惟其能「無爲其所不爲」，所以能爲其所應爲；惟其能「無欲其所不欲」，所以能「欲其所應欲」。這是由自我作主，到自我抉擇；這是由自我抉擇，到自我完成。這是一直下來的事，這是一直自由的事。故曰：「如此而已矣。」

十七

孟子曰：「人之有德慧術知者，恆存乎疢疾。獨孤臣孽子，其操心也危，其慮患也深，故達。」

德慧術知之到來，總是由翕到闢，由凝聚到開展，由收斂到發散，而「發散總是不得已」（王陽明語）。疢疾中，則生命翕；操心危，則精神凝；慮患深，則性情歛。因此曰：「故達。」

十八

孟子曰：「有事君人者，事是君則為容悅者也。有安社稷臣者，以安社稷為悅者也。有天民者，達可行於天下而後行之者也。有大人者，正己而物正者也。」

此乃一個人的人格，層層進展；亦即一個人的生命，步步伸展；由渺小到偉大，由短暫到永恆。

「爲容悅者」，以軀殼爲其生命，那只是「軀殼起念」。「以安社稷爲悅者」，以責任爲其生命，那儘有其精神之客觀化。「達可行於天下，而後行之者」，會儘有其使命感，但亦儘有其命運感。那是存心養性以事天。「正己而物正者」，則整個是使命感，而因其盡心知性以知天，故儘有其生命之永恆，故爲「大人」。

十九

孟子曰：「君子有三樂，而王天下不與存焉：父母俱存，兄弟無故，一樂也；仰不愧於天，俯不怍於人，二樂也。得天下英才而教育之，三樂也。君子有三樂，而王天下不與存焉。」

惟此三樂，有關性情，有關生命，並有關於此心靈之進入於永恆與無限。因所重在此，故「王天下不與存焉」。「獲得了整個世界，而失掉了一己的生命，有何用呢？」（新約中語）而君子之無此三樂，則更甚於失掉其一己之生命。因所輕在彼，故「王天下不與存焉」。

二〇

孟子曰：「廣土眾民，君子欲之，所樂不存焉。中天下而立，定四海之民，君子樂之，所性不存焉。君子所性，雖大行不加焉，雖窮居不損焉，分定故也。君子所性，仁義禮智根於心，其生色也，睟然見於面，盎於背，施於四體，四體不言而喻。」

於此，君子之所欲，以廣土眾民為對象，而君子之所樂，則無對。故「所樂不存焉」。

於此，君子之所樂，待「中天下而立」，待「定四海之民」，而君子之所性，則無待。故「所性不存焉」。

君子所性，具足於內，故分定於內。

君子所性，分定於內，故全發自內。

那只是性情流露，故「大行不加」；那只是性情作主，故「窮居不損」。於此，襟懷豁達，無非「仁義禮智根於心」；於此，身體康強，足知「四體不言而喻」。又何所對？又何所待？

二二

孟子曰：「易其田疇，薄其稅歛，民可使富也。食之以時，用之以禮，財不可勝用也。民非水火不生活，昏暮叩人之門戶，求水火，無弗與者，至足矣。聖人治天下，使有菽粟如水火。菽粟如水火，而民焉有不仁者乎？」

道德亦所以建立生產之秩序，因此正德，乃所以利用厚生。惟生產正所以便於道德之行徑，因此利用厚生，亦所以正德。就教化言，自是正德利用厚生。而自政治言，則總須「使有菽粟如水火」。

二二

孟子曰：「孔子登東山而小魯，登太山而小天下。故觀於海者難為水，遊於聖人之門者難為言。觀水有術，必觀其瀾；日月有明，容光必照焉。流水之為物也，不盈科不行；君子之志於道也，不成章不達。」

一個人的道德的實踐，總是到了那個地步，就說那一個地步的話。在那裏，會自有其境界之步步展開；在那裏，會自有其文彩之一一顯出。但須「水到渠成」，故「不盈科不行」，但須「眞力內充」，故「不成章不達」。

二三

孟子曰：「雞鳴而起，孳孳為善者，舜之徒也。雞鳴而起，孳孳為利也，蹠之徒也。欲知舜與蹠之分，無他，利與善之閒也。」

在這裏，善是清，利是濁。清則儘有其心靈，儘有其生命，儘有其性情，儘有其精神性。而濁則只是滯於物，只是陷於物，只是物化。以此，「利與善之間」，正是濁與清之間。而舜之徒之雞鳴而起，則只是清明。

二四

孟子曰：「楊子取為我，拔一毛而利天下，不為也。墨子兼愛，摩頂放踵利天下，為之。子莫執中，執中為近之。執中無權，猶執一也。所惡執一者，為其賊道也，舉一而廢百也。」

楊墨爲兩極端，執中則不走極端，故曰：「執中爲近之。」然若無其一己之原則，無其一己之標準，無其一己之權衡，而只是一半一半，便即如執一端。執其一端，即廢其百端，而賊其道之中，故曰：「所惡執一者，爲其賊道也，舉一而廢百也。」

二五

孟子曰：「飢者甘食，渴者甘飲。是未得飲食之正也，飢渴害之也。豈惟口腹有飢渴之害？人心亦皆有害。人能無以飢渴之害為心害，則不及人不為憂矣。」

物資之奇缺，可使「口腹有飢渴之害」；精神之空虛，則亦足「以飢渴之害爲心害」，能求其一己精神之充實，「則不及人不爲憂矣」。

二六

孟子曰：「柳下惠不以三公易其介。」

此柳下惠之廉。無此柳下惠之廉，即不足以言柳下惠之和。

二七

孟子曰：「有為者，辟若掘井，掘井九軔而不及泉，猶為棄井也。」

所謂「及泉」，只是自得，只是自己受用得了。在一個人的實踐上，總要有其性情的自得，總要有其生命的受用，方能使其心靈之井，可及其泉，並「溥博淵泉，而時出之」。

二八

孟子曰：「堯舜，性之也，湯武，身之也，五霸，假之也。久假而不歸，惡知其非有也？」

堯舜以仁義爲其性情，由仁義行。湯武以仁義爲其生命，力行仁義。五霸以仁義爲其號召，假借仁義。而其所以會假借此仁義，自亦由其能悉仁義爲人性之所本有，而不能不假借之。假借久了，終無由自毀其原則，故曰：「惡知其非有也？」

二九

公孫丑曰：「伊尹曰：『予不狎于不順。』放太甲于桐，民大悅。太甲賢，又反之，民大悅。賢者之為人臣也，其君不賢，則固可放與？」孟子曰：「有伊尹之志，則可，無伊尹之志，則篡也。」

此所謂「志」，自是其一己精神之絕大的客觀化，只盡其心，不計一切，而一切亦自在其心之中，不在其心之外。

三〇

公孫丑曰：「《詩》曰：『不素餐兮。』君子之不耕而食，何也？」

孟子曰：「君子居是國也，其君用之，則安富尊榮。其子弟從之，則孝弟忠信。『不素餐兮』，孰大於是？」

人固皆應有其生產上之責任。但能負起政治上的責任和教化上的責任，亦大可克盡其間接生產上的責任。故曰：「不素餐兮，孰大於是？」惟亦必須其眞能負起此政治與教化上之責任始可。

三二

王子墊問曰：「士何事？」孟子曰：「尚志。」曰：「何謂尚志？」曰：「仁義而已矣。殺一無罪，非仁也。非其有而取之，非義也。居惡在？仁是也。路惡在？義是也。居仁由義，大人之事備矣。」

這是將一切納之於道德的實踐中。這亦是將道德的精神，貫注於一切的實踐中。由此而完成其一己，並大其一己，故曰：「大人之事，備矣！」

三二

孟子曰：「仲子，不義與之齊國而弗受，人皆信之，是舍簞食豆羹之義也。人莫大焉亡親戚、君臣、上下。以其小者信其大者，奚可哉？」

「不義與之齊國而弗受」，只是不從其欲。此不從其欲，只是小義，無關乎所樂所性之存。「亡親戚君臣上下」，則拂其性。能不拂其性，方是大義，而有關乎倫常，有關乎性理。

三三

桃應問曰：「舜為天子，皋陶為士，瞽瞍殺人，則如之何？」

孟子曰：「執之而已矣。」

「然則舜不禁與？」

曰：「夫舜惡得而禁之？夫有所受之也。」

「然則舜如之何？」

曰：「舜視棄天下，猶棄敝蹝也。竊負而逃，遵海濱而處，終身訢然，樂而忘天下。」

孟子於此所透出之觀念，一爲有所受之職責，有其絕對之莊嚴；二爲任何人在法律下，有其絕對之平等；三爲對君位之擺脫，對權力之捨棄，亦儘有其個人的自由；四爲每一個人在性分上，更有其當下之自足，並有其絕對之自足，而儘可忘天下。本此四大觀念，實儘足以形成一大理性的政治。

三四

孟子自范之齊，望見齊王之子，喟然嘆曰：「居移氣，養移體，大哉居乎！夫非盡人之子與？」

孟子曰：「王子宮室、車馬，衣服多與人同，而王子若彼者，其居使之然也。況居天下之廣居者乎？魯君之宋，呼於垤澤之門，守者曰：『此非吾君也？

何其聲之似我君也？』此無他，居相似也。」

一個人的氣象之形成，有其外在的因素，有其內在的因素。外在的主要因素，爲其一身之所居；內在的主要因素，爲其一心之自居。如其一心自居於「天下之廣居」，則自非任何人以其一身之所居，所可幾及。若只就其外在的所居因素而言，則「居相似」，即聲相似，即氣象相似。

三五

孟子曰：「形色，天性也。惟聖人，然後可以踐形。」

此必盡心知性知天；此亦必存心養性以事天。惟知性養性，方足以成其性；惟知天事天，方足以踐其形。成其性，即有其生命的永恆；踐其形，即有其心靈的不朽。故曰：「惟聖人然後可以踐形。」那只不過是有其一個人的眞正完成而已。

三六

孟子曰：「君子之所以教者五：有如時雨化之者，有成德者，有達財者，有答問者，有私淑艾者。此五者，君子之所以教也。」

君子之教，只是讓此「心」使人自四方八面因之而來，又使人向四面八方由之而去。那是以性情接引性情，故「有如時雨化之者」。那是以生命接引生命，故「有成德者」。那是以天資接引天資，故有「達財者」。那是以言語接引言語，故「有答問者」。那是以風聲接引風聲，亦即是以流風餘韻接引流風餘韻，故「有私淑艾者」。以此，而君子之教，靡有底止。

三七

公孫丑曰：「道則高矣，美矣，宜若登天然，似不可及也。何不使彼為可幾及而日孳孳也？」

孟子曰：「大匠不為拙工改廢繩墨。羿不為拙射變其彀率。君子引而不發，躍如也。中道而立，能者從之。」

其他可以遷就，原則不可以遷就，因爲這是生命的原則。其他可以遷就，道不可以遷就，因爲這是性情之道。生命的原則，「引而不發，躍如也」；由此而「雷雨之動滿盈」。性情之道，「中道而立，能者從之」；由此而「天下何思何慮」？夫然後生命方歸於永恆，性情方歸於無限。

三八

孟子曰：「天下有道，以道殉身；天下無道，以身殉道。未聞以道殉乎人者也。」

天下有路可走，則以此路，供此身行；天下無路可走，則以此身，開出此路。此路當不能爲人之私而設。

是以天下有道，則人在道中，由仁義行，一切納諸生命，以道殉身。天下無道，則人負道責，必行仁義，一切本諸性情，而以身殉道。若以道殉乎人，則即成性情之災，則即成生命之患。

三九

公都子曰：「滕更之在門也，若在所禮。而不答，何也？」

孟子曰：「挾貴而問，挾賢而問，挾長而問，挾有勳勞而問，挾故而問，皆所不答也。滕更有二焉。」

答是盡心的事，問亦是盡心的事。答不好隨便答，問亦不好隨便問。於此盡心，亦正所以知性知天。於此知性知天，亦正所以知人。凡於發問之際，而有所挾者，其人即可知，故可不予置答。

四〇

孟子曰：「於不可已而已者，無所不已。於所厚者薄，無所不薄也。其進銳者，其退速。」

不「盡其心」，即「於不可已而已」。不「存其心」，即「於所厚者薄」。不「殀壽不貳，修身以俟之」，則「其進銳」，而「其退速」。要皆爲失其性情之正，遂至無所不已，無所不薄。

四一

孟子曰：「君子之於物也，愛之而弗仁；於民也，仁之而弗親；親親而仁民，仁民而愛物。」

盡其心於親，便自親親；盡其心於民，便自仁民；盡其心於物，便自愛物。凡盡其心處，即存其心處；凡存其心處，即其性情之所及處；凡性情之所及處，即其生命之所到處。生命由親而來，以次達於民，而至於物。其間層次，儘是莊嚴。

四二

孟子曰：「知者無不知也，當務之為急。仁者無不愛也，急親賢之為務。堯舜之知而不遍物，急先務也。堯舜之仁不遍愛人，急親賢也。不能三年之喪，而緦小功之察；放飯流歠，而問無齒決；是之謂不知務。」

我人應知：知者如無其生命之限定（Limitation），則一理平鋪，即有其生命之流蕩。仁者如無其生命之限定，則一心發散，即有其生命之汎濫。而「當務之爲急」，即爲知者生命之一限定；「急親賢之爲務」，即爲仁者生命之一限定。此一限定，正所以盡心知性以知天，亦即終歸於生命之無限。此一限定，正所以存心養性以事天，亦即終有其生命之永恆。

「不知務」，即無其限定；無其限定，即無以「立命」。

第十四講　盡心之道：盡心知性知天與生命之永恆

（二）——盡心章　下

一

孟子曰：「春秋無義戰。彼善於此，則有之矣。征者上伐下也，敵國不相征也。」

一般言之，戰爭總是不義的。但從事戰爭者，又無不有其戰爭的號召，而其戰爭的號召，又無不是義，因自以爲是義戰，是正義之戰。於此，便只有以戰止戰之征，方可作爲義戰之標準。但征之者，又必須超越於國與國之上。故曰：「春秋無義戰。」以此而言永久之和平，自須有其義戰之建立。

二

孟子曰：「梓匠輪輿，能與人規矩，不能使人巧。」

於此，不能廢規矩以爲巧，亦不能以規矩爲巧。惟能盡心知性知天，即爲大巧；惟能存心養性以事天，即爲至巧。

三

孟子曰：「舜之飯糗如草也，若將終身焉。及其為天子也，被袗衣，鼓琴，二女果，若固有之。」

在這裏，「若將終身焉」，那便是「貧賤不能移」。「若固有之」，那便是「富貴不能淫」。

四

孟子曰：「吾今而後知殺人親之重也。殺人之父，人亦殺其父；殺人之兄，人亦殺其兄。然則非自殺之也，一閒耳。」

由此盡心，當知人道是莊嚴的，法律是莊嚴的，國家政治是莊嚴的，性情之教是莊嚴的。

五

孟子曰：「古之為關也，將以禦暴；今之為關也，將以為暴。」

於此盡心，當知國防之所以第一，乃以禦暴爲第一；若與民生有其絕大之矛盾，那便是

「將以爲暴」。

六

孟子曰：「身不行道，不行於妻子；使人不以道，不能行於妻子。」

有其原則性，即有其普遍性，因此之故，妻子又何能例外？行於身須合乎理性，行於妻子，亦須合乎理性。使人須動心忍性，行於妻子，亦須動心忍性。而當行於妻子亦須合乎理性與動心忍性時，則行與身與使諸人，自更須合乎理性與動心忍性。此之謂道。

七

孟子曰：「周于利者，凶年不能殺；周于者德，邪世不能亂。」

周於利，乃所以全生；全生則苟活不死，故「凶年不能殺」。周於德，乃所以立命；立命則盡心不惑，故「邪世不能亂」。

八　**孟子曰：「好名之人，能讓千乘之國；苟非其人，簞食豆羹見於色。」**

這只是不仁。好名之人，以名爲心，以名爲其生命，以名爲其性情，故「能讓千乘之國」以爲名。但於此，已不復以眞正之心靈爲其心，以眞正之生命爲其生命，以眞正之性情爲其性情；在精神上已不復有其精神之實質，亦即陷於不仁。故「苟非其人，簞食豆羹見於色」。

九　**孟子曰：「不信仁賢，則國空虛；無禮義，則上下亂；無政事，則財用不足。」**

於此盡心，即當知由信仁賢而有禮義，有政事，方爲眞正立國之道。

於此存心，即當知由有政事有禮義而信仁賢，方是眞正治國之方。

十

孟子曰：「不仁而得國者，有之矣。不仁而得天下，未之有也。」

得國，可以關起來；關起來，則若「不仁而得國」，其不仁即有限，當亦不至絕無得國之事，故曰：「有之矣。」

得天下，則須敞開來；敞開來，則若「不仁而得天下」，其不仁即無限，終必使天下歸於毀滅。而天下則決無因一人而歸於毀滅之理，故曰：「未之有也。」

十一

孟子曰：「民為貴，社稷次之，君為輕。是故得乎丘民而為天子；得乎天子

為諸侯；得乎諸侯為大夫。諸侯危社稷，則變置。犧牲既成，粢盛既潔，祭祀以時，然而旱乾水溢，則變置社稷。」

在這裏，民是一個「常」，常則不可變；不可變，故爲貴。而君與社稷則皆可變，故爲輕。

在這裏，民是一個「體」。體則不可易；不可易，故爲貴。而君與社稷則皆可易，故爲輕。

在君與社稷間，社稷又較有其「常」，較有其「體」，較爲不變易，故較之君，又復爲重。

於此盡心，即當知政治須有其常，又有其可變，方有其生命。於此存心，即當知政治須有其體，又有其可易，方有其實質。而民之爲常爲體，則總是政治的第一義。由此更求其民之完成其爲常與體，則尤其是政治的極則。

十二

孟子曰：「仁也者，人也。合而言之，道也。」

仁是人的心靈，仁是人的生命，仁是人的性情。而存其心，即存其仁；俟其命，即俟其仁；養其性，即養其仁。故曰：「仁也者人也」。合此仁的心靈、仁的生命、仁的性情，而盡其心，即盡其道；立其命，即立其道；知其性，即知其道。故曰：「合而言之，道也。」

十三

孟子曰：「君子之戹於陳蔡之間，無上下之交也。」

寧「無上下之交」，而「戹於陳蔡之間」，這便是中道而立。這只有盡心，知性，知天者始能之；這亦只有存心，養性，事天者始能之。

十四

貉稽曰：「稽大不理於口。」孟子曰：「無傷也。士憎茲多口。《詩》云：『憂心悄悄，慍于群小。』孔子也。『肆不殄厥慍，亦不隕厥問』，文王也。」

人不怕外面有魔，人只怕心中有魔。一切的毀譽，皆外來之魔。必自動其心，方是著魔。一著魔，方是心中有魔。外來之魔，孔子文王所不能免，然終無傷於孔子與文王。要皆爲盡心存心，不動其心，而儘有其清明在躬之故。

十五

孟子曰：「賢者以其昭昭，使人昭昭；今以其昏昏，使人昭昭。」

賢者清明在躬，因使人亦在其清明之中。其「以其昭昭，使人昭昭」，正是以其心靈生命與性情接引著心靈生命與性情。今「以其昏昏，使人昭昭」，那便只是無明，只是無性情，只是無生命，亦只是不盡其心。

十六

孟子謂高子曰：「山徑之蹊間，介然用之而成路。為閒不用，則茅塞之矣。今茅塞子之心矣。」

人不用其心，即不存其心；人不存其心，即不盡其心；人不盡其心，即失其心之用，而爲塊然之一物；人失其心之用，而爲塊然之一物，即無其心之靈，而爲茅塞之一孔。

十七

高子曰：「禹之聲，尚文王之聲。」孟子曰：「何以言之？」曰：「以追蠡。」曰：「是奚足哉？城門之軌，兩馬之力與？」

城門之軌，非一車兩馬之力，那會儘有其時間之因素。歷史文化之形成，自亦儘有其時間之因素。本此以論人論事，能顧及其時代，即儘有其全新之意義。

十八

齊饑。陳臻曰：「國人皆以夫子將復為發棠，殆不可復。」孟子曰：「是為馮婦也。晉人有馮婦者，善博虎，卒為善士。則之野，有眾逐虎。虎負嵎，莫之敢攖。望見馮婦，趨而迎之，馮婦攘臂下車。眾皆悅之。其為士者笑之。」

存其心，不能無分寸；盡其心，不能無原則。若無分寸，則雖存其心，亦不足以言養性事天。若無原則，則雖盡其心，亦不足以言知性知天。由前而言，是不立命；由後而言，是不知命。故再爲馮婦，即「爲士者笑之」。

十九

孟子曰：「口之於味也，目之於色也，耳之於聲也，鼻之於臭也，四肢之於安佚也，性也；有命焉，君子不謂性也。仁之於父子也，義之於君臣也，禮之於賓主也，智之於賢者也，聖人之於天道也，命也；有性焉。君子不謂命也。」

味色聲臭與安佚之好，是人的本性，但得之與否，則儘有其冥冥中之命。於此便只能聽諸於命，而不可任其本性，因此乃自然生命之本性，人終有其向上一機，而特顯其不安於自然生命之性。若「謂性」，即非此性。

仁義禮智與天道之成，是冥冥中之命，但由之與否，則儘存乎人之本性。於此便只能盡其本性，而不可一任冥冥中之命。因此正須「殀壽不貳，修身以俟之」，以立其命，而超越其自然生命之命。若謂命，即非此命。

有性有命，而「君子不謂性」，那是君子的存心處。有命有性，而「君子不謂命」，那是君子的盡心處。此惟憂患深者，方真能之。此亦惟性情厚者，方真能之。

二〇

浩生不害問曰：「樂正子，何人也？」孟子曰：「善人也，信人也。」「何謂善？何謂信？」曰：「可欲之謂善，有諸己之謂信，充實之謂美，充實而有光輝之謂大，大而化之之謂聖，聖而不可知之之謂神。樂正子，二之中，四之下也。」

這是一個人的人格向內之步步進展。這亦是整個人格世界向上之層層昇騰。在這裏，善是一個起點。善是人人可行的，善是人人可取的，善是對人有好處的，善是可欲的，故曰：「可欲之謂善。」由此存心養性以事天，而外推之於人人，便成其外王之業。由此盡心知性知天，而內實之於一己，便成其內聖之神。神是一個人的人格的向內步步進展至不可知之境，亦是整個人格世界的向上層層昇騰至不可知之域。故「聖而不可知之之謂神」。於此，聖則是一個頂點，一個極點，一個終點，又一轉而為一個無何終極之點，那是一個大而化之之點，故曰：「大而化之之謂聖。」人之內盡其心，由「可欲」之善，到實有之於己，便是「有諸己之謂信」；由「有諸己」之信，到「萬物皆備於我」，便是「充實之謂美」；由充實之美，到「反身而誠，樂莫大焉」，則由誠而明，便是清明在躬，便是「充實而有光輝之謂大」。由「充實而有光輝」之大，到光被四表，那便是「大而化之」。由內盡其心，一直到大而化之，這自是一個人的人格和整個人格世界之到極點。惟既大而化之，故又一轉而為無何終極之點。此所以為聖。一般言之，可欲之善是善，有諸己之信是眞，充實之美是美，而充實有光輝之大，則是善眞美之合一。由此善眞與美之合一又一轉而為至善，則是聖。而內聖之神，則不可知。

二

孟子曰：「逃墨必歸於楊，逃楊必歸於儒。歸，斯受之而已矣。今之與楊墨辯者，如追放豚，既入其苙，又從而招之。」

絕對的一般性和普遍性，終必凸顯其獨特性和個體性，故逃墨必歸於楊。而絕對的獨特性和個體性，則必有其整個之拆散，而終無其一己之安頓與歸宿，故逃楊必歸於儒。那是一般性與獨特性之更高的統一，那是普遍性和個體性的更大的諧和。人只能於更高的統一裏有其安頓，人只能於更大的諧和裏有其歸宿。而一到這裏，便「天地變化草木繁」；而一到這裏，便一切敞開來。故曰：「歸，斯受之而已矣。」

若與楊墨辯，如追放豚，那便不是儒者放下、放鬆、放開之道。

二二

孟子曰：「諸侯之寶三：土地、人民、政事。寶珠玉者，殃必及身。」

寶珠玉則忽其政事；忽其政事，則失其人民；失其人民，則喪失土地，而不足以言主權。故「殃必及身」，而亡其國。

有政事，方能言主權。土地、人民、主權乃國家之三要素，自應爲諸侯之所寶。

二三

盆成括仕於齊。孟子曰：「死矣，盆成括。」盆成括見殺，門人問曰：「夫

子何以知其將見殺？」曰：「其為人也小有才，未聞君子之大道也，則足以殺其軀而已矣。」

君子之大道，總在能存其心，能盡其心。今不存其心，不盡其心，而只恃其「小有才」，則遇能勝之者，便即殺之。

二四

孟子之滕，館於上宮，有業屨於牖上，館人求之弗得。或問之曰：「若是乎從者之廋也。」

曰：「子以是為竊屨來與？」曰：「殆非也，夫子之設科也，往者不追，來者不拒，苟以是心至，斯受之而已矣。」

要存其心，要盡其心，總得要把心放下，把心放鬆，把心放開來。只因放得下，所以「往者不追」；只因放得鬆，所以「來者不拒」；只因放得開開，敞得開開，所以「苟以是心至，斯受之而已矣」，雖使人疑其從者之竊屨，亦屬無妨。

二五

孟子曰：「人皆有所不忍，達之於其所忍，仁也。人皆有所不為，達之於其所為，義也。人能充無欲害人之心，而仁不可勝用也。人能充無穿踰之心，而義不可勝用也。人能充無受爾汝之實，無所往而不為義也。士未可以言而言，是以言餂之也；可以言而不言，是以不言餂之也。是皆穿踰之類也。」

人無心腸，就是不仁。心不光明腸不直，就是不義。而人不存其心，不盡其心，即無心腸。無心腸，即不能以其所不忍，「達之於其所忍」。同時，人不存其心，不盡其心，則雖有其心，亦不光明，雖有其腸，亦不能直，故不能以其所不爲，「達之於其所爲」。「能充無欲害人之心」，即所以存其心，盡其心。「能充無穿踰之心」，亦即所以存其心，盡其心。而「能充無受爾汝之實」，即「能充無穿踰之心」。其「以言餂之」或以「不言餂之」者，則儘是心不光明腸不直，故曰：「是皆穿踰之類也。」

二六

孟子曰：「言近而指遠者，善言也。守約而施博者，善道也。君子之言也，不下帶而道存焉。君子之守，修其身而天下平。人病舍其田而芸人之田，所求於人者重，而所以自任者輕。」

君子「覿體承當」，故所以自任者重。君子內足於己，故所求於人者輕。以此，君子之言，全由心存，故言近而指遠；君子之行，全由心盡，故守約而施博。君子之言，一本於道，故「不下帶而道存」。君子之行，所守惟義，故「修其身而天下平」。道因心而存，義因心而盡，故天下亦因身修而平。

二七

孟子曰：「堯舜，性者也。湯武，反之也。動容周旋中禮者，盛德之至也。哭死而哀，非為生者也。經德不回，非以干祿也。言語必信，非以正行也。君子

行法，以俟命而已矣。」

堯舜一本於性情，湯武反歸於性情。動容周旋中禮，是見其性情，故曰：「盛德之至也。」君子行法，只是性情行事。惟性情行事，故盡心知性知天與存心養性以事天，都只是俟命。既只是俟命，則哭死而哀，經德不回，言語必信，便都是性情作主，而不爲其他。

二八

孟子曰：「說大人，則藐之，勿視其巍巍然。堂高數仞，榱題數尺，我得志弗為也。食前方丈，待妾數百人，我得志弗為也。般樂飲酒，驅騁田獵，後車千乘，我得志弗為也。在彼者，皆我所不為也；在我者，皆古之制也。吾何畏彼哉？」

這是顯示一個人所應有，亦所能有的精神的強度。人若無其精神的強度，或有而復失其精神的強度，便即見物大而我小。由此而只覺所謂「大人」之巍巍然。實則此所謂之「大人」，只是因物而大，並非眞有其大。而眞有其大者，則正須見物之小，鄙之弗爲，以凸顯其精神性，而自有其強大之處，故儘可「說大人，則藐之」。此非由於自卑心理上之故爾藐之，此乃由於自我尊嚴上之自爾藐之。故曰：「吾何畏彼哉？」

二九

孟子曰：「養心莫善於寡欲。其為人也寡欲，雖有不存焉者，寡矣。其為人也多欲，雖有存焉者，寡矣。」

養心，是養其一己精神之強度。欲養其一己精神之強度，必須有其一己性情之純化。欲有其一己性情之純化，必須求其一己生活之簡單化。而欲求其一己生活之簡單化，則必須能將其一己欲望，加以簡單化。故曰：「養心莫善於寡欲。」

一己欲望之簡單化，亦所以求其一己之限定。有其一己之限定，即有其一己「所守之約」。有其一己所守之約，即有其一己所存所盡之心而得其養。否則，即將汎濫而無所歸。無所歸，即幾無所存。故曰：「雖有存焉者寡矣。」

三〇

萬章問曰：「孔子在陳曰：『盍歸乎來？吾黨之士狂簡，進取，不忘其初。』孔子在陳，何思魯之狂士？」

孟子曰：「孔子『不得中道而與之，必也狂獧乎？狂者進取，獧者有所不為也』。孔子豈不欲中道哉？不可必得，故思其次。」

「敢問何如斯可謂狂矣？」

曰：「如琴張、曾晳、牧皮者，孔子之所謂狂矣。」

「何以謂之狂也？」

曰：「其志嘐嘐然，曰『古之人，古之人』。夷考其行而不掩焉者也。狂者又不可得，欲得不屑不潔之士而與之，是獧也。是又其次也。孔子曰：『過我門而不入我室，我不憾焉者，其惟鄉原乎？鄉原，德之賊也。』」

曰：「何如斯可謂之鄉原矣？」

曰：「何以是嘐嘐也？言不顧行，行不顧言，則曰『古之人，古之人』。行何為踽踽涼涼？生斯世也，為斯世也，善斯可矣。閹然媚於世也者，鄉原也。」

萬章曰：「一鄉皆稱原人焉，無所往而不為原人。孔子以為德之賊，何哉？」

曰：「非之無舉也，刺之無刺也，同乎流俗，合乎汙世，居之似忠信，行之似廉潔，眾皆悅之，自以為是；而不可與入堯舜之道。故曰『德之賊也』。孔子曰：『惡似而非也：惡莠，恐其亂苗也；惡佞，恐其亂義也；惡利口，恐其亂信也；惡鄭聲，恐其亂樂也；惡紫，恐其亂朱也；惡鄉原，恐其亂德也。』君子反經而已矣。經正，則庶民興。庶民興，斯無邪慝矣。」

在此，狂者於其存心盡心之道德實踐處，乏其一己生命之限定，而儘有其生命之昂揚與性情之直顯。獧者則於其存心盡心之道德實踐上，大其一己生命之限定，而儘有其生命之皎潔與性情之直透。而鄉原則根本無與於其存心盡心之道德實踐，只從事於其一己生命之關閉，故儘有其生命之枯萎和性情之桎梏，以至乏其生命，亡其性情。

鄉原因其一己之乏其眞正之生命與亡其眞正之性情，故視狂者，反覺其「何以是嘐嘐也」？而視獧者，則反覺其「行何爲踽踽涼涼」？

人在道德的眞正實踐上，總有過有不及。過則「嘐嘐然」，不及則只「不屑不潔」。然由此以進，總是日進無已，不忘其初。故由有所不爲，進而大有所爲，又進而爲從容中道，便儘有其一個人的眞正完成。若鄉原既無與於道德實踐，即亦無所謂過與不及。既無所謂「過與不及」，則亦無所謂「中道」，無所謂「完成」，而只是一個虛的幌子。故「舉之無舉也，刺之無刺也」。然於此又儘有其一大貌似，且亦只能求其貌似。此則因其亂眞，所以亂德，而為「德之賊也」。

鄉原能有其貌似而可亂眞，自亦是有其巧處，有其機變之巧。然實踐之君子，則只是存心盡心於經常之實踐，而反歸於常，無所用其巧。常道立，而經界其一己者即正，經常之實踐路向亦正，因之庶民亦由其生命與性情之正而興發。到庶民亦有其生命與性情之興發而同歸於正時，便不復更有邪慝。故曰：「斯無邪慝矣。」此反經之常道，亦即生命的永恆之道。

三二

孟子曰：「由堯舜至於湯，五百有餘歲。若禹臯陶，則見而知之；若湯，則聞而知之。由湯至於文王，五百有餘歲。若伊尹、萊朱則見而知之，若文王，則

聞而知之。由文王至於孔子，五百有餘歲。若太公望、散宜生則見而知之，若孔子，則聞而知之。由孔子而來至於今，百有餘歲。去聖人之世，若此其未遠也；近聖人之居，若此其甚也。然而無有乎爾，則亦無有乎爾。」

在這裏，會有其整個的使命之感，會有其整個的命運之感，更會有其整個的憂患之感。
在此整個的使命之感裏，我人可以清楚看出一無可比擬的大心靈。
在此整個的命運之感裏，我人可以清楚看出一無可比擬的大生命。
在此整個的憂患之感裏，我人可以清楚看出一無可比擬的大性情。
說「然而無有乎爾」，又豈眞「無有乎爾」嗎？
而且我人在盡心知性知天處，更儘可知此心靈之無限。我人在存心養性以事天處，便儘可知此生命之永恆。我人在「殀壽不貳，修身以俟之」之處，更儘可知此性情的不朽。
說「則亦無有乎爾」，又果眞「無有乎爾」麼？

（四八，十一，二七——十二，三十一，於忠義橫巷）

國家圖書館出版品預行編目資料

孟子講義 / 程兆熊著. -- 初版. -- 新北市：華夏出版有限公司,
2023.11
面；　　公分. - -（程兆熊作品集01；002）
ISBN 978-626-7296-51-6（平裝）
1.CST：孟子　2.CST：研究考訂

121.267　　112008295

程兆熊作品集01 002

孟子講義

著　　作　程兆熊
印　　刷　百通科技股份有限公司
　　　　　電話：02-86926066　傳眞：02-86926016
出　　版　華夏出版有限公司
　　　　　220 新北市板橋區縣民大道 3 段 93 巷 30 弄 25 號 1 樓
　　　　　電話：02-32343788　傳眞：02-22234544
E-mail　pftwsdom@ms7.hinet.net
總 經 銷　貿騰發賣股份有限公司
　　　　　新北市 235 中和區立德街 136 號 6 樓
　　　　　電話：02-82275988　傳眞：02-82275989
　　　　　網址：www.namode.com
法律顧問　呂榮海律師
　　　　　103 臺北市大同區錦西街62號
　　　　　電話：02-25528919
版　　次　2023年11月初版一刷
定　　價　新臺幣 480 元　（缺頁或破損的書，請寄回更換）

ISBN-13：978-626-7296-51-6
《孟子講義》由程明琤授權華夏出版有限公司出版繁體字版

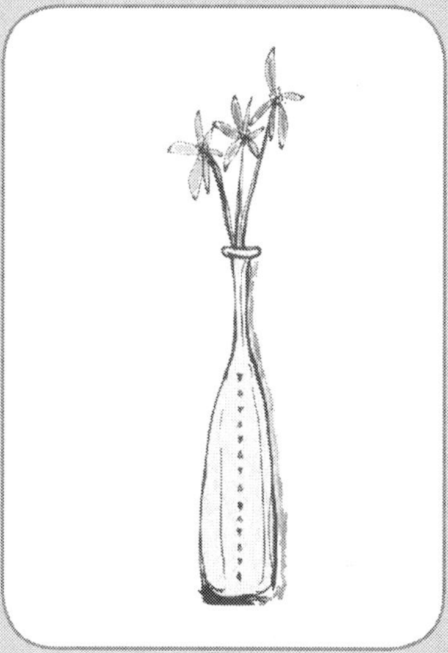

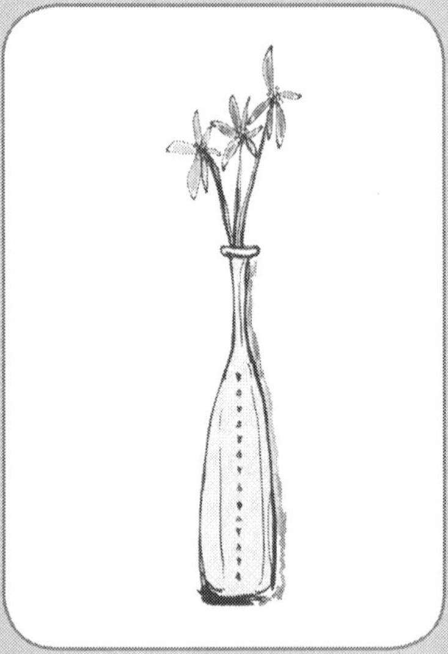